"十四五"职业教育国家规划教材

"十三五"职业教育国家规划教材

"行业+领先企业"产教融合新形态系列教材

跨境电子商务基础

全国跨境电子商务综合试验区职业教育集团
北京博导前程信息技术股份有限公司 组织编写

袁江军 主编
王红蕾 南志光 马三生 副主编

电子工业出版社
Publishing House of Electronics Industry
北京·BEIJING

内容简介

本书系统、全面地讲解了跨境电子商务在国际贸易各环节中所涉及的相关知识，内容包含跨境电子商务概况、跨境电子商务的模式、跨境电子商务平台认知、跨境电子商务营销、跨境电子商务支付、跨境电子商务物流和跨境电子商务相关的知识产权与法律法规。

本书按照跨境电子商务行业知识层次进阶过程进行内容编排，符合学生认知规律。教材将知识目标和能力目标充分结合，深入到跨境电子商务整体认知过程中各个领域的知识学习和兴趣培养。

本书适合作为职业院校电子商务、市场营销、国际贸易和商务英语等专业的教材，也可作为电子商务从业人员的参考学习用书。

未经许可，不得以任何方式复制或抄袭本书之部分或全部内容。
版权所有，侵权必究。

图书在版编目（CIP）数据

跨境电子商务基础 / 袁江军主编 . —北京：电子工业出版社，2020.4
ISBN 978-7-121-36606-2

Ⅰ . ①跨… Ⅱ . ①袁… Ⅲ . ①电子商务－高等学校－教材 Ⅳ . ① F713.36

中国版本图书馆 CIP 数据核字（2019）第 096813 号

责任编辑：张云怡　　特约编辑：童之琦
印　　刷：大厂回族自治县聚鑫印刷有限责任公司
装　　订：大厂回族自治县聚鑫印刷有限责任公司
出版发行：电子工业出版社
　　　　　北京市海淀区万寿路 173 信箱　邮编：100036
开　　本：787×1 092　1/16　印张：12　字数：268.8 千字
版　　次：2020 年 4 月第 1 版
印　　次：2025 年 9 月第15次印刷
定　　价：45.00 元

凡所购买电子工业出版社图书有缺损问题，请向购买书店调换。若书店售缺，请与本社发行部联系，联系及邮购电话：（010）88254888，88258888。
质量投诉请发邮件至 zlts@phei.com.cn，盗版侵权举报请发邮件至 dbqq@phei.com.cn。
本书咨询联系方式：（010）88254573，zyy@phei.com.cn。

编写委员会

（按姓氏拼音排序）

主　任：
　　贾文胜　全国跨境电子商务综合试验区职业教育集团理事长
　　　　　　杭州职业技术学院院长

副主任：
　　白凤川　全国报关职业教育教学指导委员会副主任
　　段　建　北京博导前程信息技术股份有限公司董事长
　　郭肇明　全国物流职业教育教学指导委员会秘书长
　　李　丹　全国供销职业教育教学指导委员会秘书长
　　徐浩添　阿里巴巴"百城千校"项目负责人
　　杨　宜　北京财贸职业学院院长
　　支芬和　全国电子商务职业教育教学指导委员会秘书长

委　员：

白　洁	天津轻工职业技术学院	经济管理学院院长
陈　平	佛山职业技术学院	工商管理学院院长
成荣芬	浙江工贸职业技术学院	经济与贸易学院院长
付　琪	陕西工商职业学院	物流管理学院院长
郭延峰	北京市劲松职业高中	校长
黄国庆	江西现代职业技术学院	院长、党委副书记
黄建飞	福建信息职业技术学院	商贸管理系主任
江学斌	东莞市纺织服装学校	校长
林　海	广东科学技术职业学院	商学院院长
刘宝庆	长春职业技术学院	商贸技术分院院长
马锁生	兰州职业技术学院	经济管理系主任
倪红耀	江苏工程职业技术学院	商学院院长
彭　琳	贵州职业技术学院	商业与贸易学院副院长
商　玮	浙江经贸职业技术学院	信息技术系主任
孙　博	石家庄邮电职业技术学院	邮政通信管理系副主任
谈黎虹	浙江经济职业技术学院	商贸流通学院院长
唐忍雪	西安航空职业技术学院	航空管理工程学院院长
王华新	山东商业职业技术学院	工商管理学院院长
王丽丽	河南经贸职业学院	商务学院院长
王永琦	广西经贸职业技术学院	信息工程系主任

吴会杰	西安职业技术学院	经济管理学院院长
夏名首	安徽商贸职业技术学院	经济贸易系主任
夏　莹	无锡城市职业技术学院	贸易金融学院副院长
薛永三	黑龙江农业经济职业学院	信息工程学院院长
杨宏祥	杨凌职业技术学院	经济与贸易分院副院长
姚宏伟	黎明职业大学	商学院院长
周任慧	兰州石化职业技术学院	国际商务学院院长

专家委员会

（按姓氏拼音排序）

主　任：
　　肖　锋　阿里巴巴外贸综合服务事业部副总裁

副主任：
　　刘国峰　阿里巴巴集团淘宝大学培训学院副院长
　　孙志超　北京众智弘诚教育科技有限公司总经理
　　王春燕　北京教育科学研究院研究员
　　肖　亮　浙江工商大学现代商贸研究中心主任
　　游忠明　网易考拉研究院院长

委　员：

方玲玉	长沙民政职业技术学院	商学院院长
费　凡	大连凡越电子商务有限公司	总经理
冯　军	山西君正商务信息咨询有限公司	总经理
高庆怡	杭州央辰雨禾茶业有限公司	总经理
季小红	杭州德力西集团有限公司	国际贸易部经理
李琳娜	海南职业技术学院	校长助理
马茜茜	广州新思路教育科技有限公司	副总经理
孙一玖	北京网聚美裳电子商务有限公司	总经理
王　磊	安徽轩昂教育科技集团	董事长
王　伟	北京聚力创联电子商务有限公司	总经理
王永宝	温州立本集团国际贸易有限公司	总经理
吴洪贵	江苏经贸职业技术学院	贸易与物流学院院长
席　波	武汉职业技术学院	电子商务研究院院长
徐　青	宜兴慕森智能家居有限公司	CEO
尹志翔	杭州益泰翔贸易有限公司	总经理
张根标	杭州信天游实业有限公司	总经理
钟昌标	云南财经大学	商学院院长

审定委员会

（按姓氏拼音排序）

主 任：
  陈　进　教育部普通高等学校电子商务类专业教学指导委员会副主任
      对外经济贸易大学现代服务业研究中心主任

副主任：
  高新民　中国互联网协会副理事长
  侯　光　全国电子商务职业教育教学指导委员会副主任
      北京市商业学校校长
  陆春阳　全国电子商务职业教育教学指导委员会副主任
  徐国庆　华东师范大学职业教育研究所所长
  郑亚莉　全国电子商务职业教育教学指导委员会跨境电子商务专业委员会主任
      浙江金融职业学院院长
  祝　斌　中国国际商会贸易投资促进部

委 员：

姜　旗	兰州现代职业学院	副院长兼财经商贸学院院长
孔繁正	广东农工商职业技术学院	商学院院长
李良树	武汉城市职业学院	财经学院院长
李林海	南宁职业技术学院	商学院院长
李选芒	陕西工业职业技术学院	物流管理学院院长
刘喜敏	吉林交通职业技术学院	管理工程学院院长
莫海燕	广西金融职业技术学院	院长
钱琳伊	无锡商业职业技术学院	商学院副院长
唐克胜	深圳职业技术学院	商务外语学院院长
张宏博	广州番禺职业技术学院	外语外贸学院院长
张明明	哈尔滨职业技术学院	现代服务学院院长
赵军镜	西安欧亚学院	校长助理兼教育创新研究院执行院长
支卫兵	江西工业职业技术学院	副校长
钟　林	成都职业技术学院	工商管理与房地产学院院长

序 言（一）

在经济全球化发展背景下，跨境电子商务正通过理念全球化、技术数字化、主体普惠化、供应链柔性化、品牌全球化等方式对我国贸易进行全面的升级改造。我们高兴地看到，我国对外贸易正从"贸易多元化"向"全球买、全球卖、全球付、全球运"转变；技术手段由部分环节采用信息技术向数字化电子商务平台使用、全链条数字技术使用转变；贸易主体由传统贸易企业向中小企业、个人转变；贸易方式由传统线下贸易向跨境电子商务转变；交易特点从"大进大出、低频次"向"小批量、高频次"转变；贸易供应链由非个性化、大批量向个性化、碎片化，满足消费需求的柔性供应链转变；企业贸易优势由原来的拼价格、拼产品向企业开始注重通过构建自身"品牌力"开展全球零售转变。

跨境电子商务正在形成一条"网上丝绸之路"。近年来，跨境电子商务交易规模保持年均20%以上的高速增长，远超传统贸易规模增速。2018年，通过海关跨境电子商务管理平台零售进出口的商品总额为1347亿元，相较于2017年增长了50%；有进出口实绩的企业由2017年的43.6万家提升到47万家。

同时，我们也应该清醒地看到，跨境电子商务的高速发展也造成了行业人才缺口巨大。据不完全统计，2017年我国跨境电子商务领域的人才缺口约为450万。《中国电子商务人才状况调查报告》中显示，企业在开展跨境电子商务业务过程中遇到的最大问题就是人才方面的问题。目前，跨境电子商务领域新技术、新思维、新商业模式、新职业能力不断产生，跨境电子商务人才属于新兴的复合技术技能型人才，除需要具有网络营销策划与推广、编辑与美工、电商数据分析、客户服务管理、网店（站）运营等传统电商的技术技能外，还要知晓国际贸易流程、国际商务交往规则，而传统的外贸及外语类人才很难匹配跨境电子商务行业发展的需求。

教育领域对跨境电子商务新业态发展需要通过专业设置来加快人才培育。特别是在职业教育中，应该依托电子商务专业大类，新增"跨境电子商务"专业来解决。同时，积极引导院校开展跨境电子商务专业，布局专业人才培养，以解决跨境电子商务人才短缺的问题。

因此，基于电子商务业务形成的能力体系构建方法、经验和渠道，有助于跨境电子商务职业能力体系构建。同样，一些公司和学校在电子商务教学过程中形成的人才培养理念、路径、模式、方法等，也有助于跨境电子商务专业人才培养体系的构建。最大化地共享、利用教学资源与设施，培养跨境电子商务专业教师团队，可以快速提升职业院校跨境电子商务人才供给，是我国贸易全面升级改造，制造业和服务业转型升级、模式改造的重要源泉和捷径。

此套教材构成了跨境电子商务专业核心课程的体系，相信在这样的课程体系下，能帮助更多的院校建设跨境电子商务专业，培养出更多的跨境电子商务专业人才！

序言(二)

——在第一期全国跨境电子商务专业负责人培训班开班式上的致辞

现场和网上收看直播的各位老师,大家上午好!

今天我们举办全国跨境电子商务专业负责人培训班,是我们共同学习、贯彻《国家职业教育改革实施方案》,推动跨境电子商务人才培养、产教融合的一项具体举措。专业负责人对专业和产业的认识与把握直接关系到专业未来的发展。这次培训计划名额是80人,但实际来了100多人。还有很多学校希望能来,为了保证培训质量,我们一一沟通安排他们参加第二期培训,希望大家能够理解。借此机会,我想谈三点思考供大家参考。

一、提高对跨境电子商务发展的认识

跨境电子商务不是简单的传统国际贸易互联网化,而是最具新经济特征的跨境贸易新生态。跨境电子商务的全球化、数据化以及多业态融合、多场景覆盖、多流量共享的特征正是新经济形态和新商业生态的显著特征。跨境电子商务的发展,正在深刻地影响着全产业发展模式、全球贸易格局和贸易的全球治理。

从18世纪60年代开始,伴随着国际分工体系的逐步形成,商品交换迅速发展,形成了国际贸易的发展雏形。随着贸易规模的扩大、结构的优化和区域经济一体化的快速发展,国际贸易领域出现了一般贸易、加工贸易、服务贸易和技术贸易等方式。跨境电子商务区别于上述传统国际贸易方式的本质在于消费端导向,也因此在贸易主体、贸易商品、贸易形态、贸易链条、监管原则、交易模式、征信模式、准入模式和风险承担主体上产生了明显的差异,形成了全新的生态。因此,不能把跨境电子商务简单地理解成传统国际贸易的互联网化。

跨境电子商务的产生,替代了一部分一般贸易份额,也在商品品类、贸易主体和贸易渠道上对传统贸易形成了补充。跨境电子商务不但不会对传统国际贸易造成冲击,反而会为一般贸易打开更大的市场,探索更多的机会,培育新兴市场主体。

更为重要的是，由于跨境电子商务的发展，加速了贸易便利化进程，由此产生的红利同样使得一般贸易受益。跨境电子商务还打破了传统国际贸易的单一渠道，逐步将灰色渠道引导到阳光合法的道路上，优化了国际贸易的市场环境。

二、跨境电子商务人才培养的思考

首先要理清产业、学科、专业与政府监管的关系。产业创新形成的知识积累沉淀到学科上，学科的纵向发展与横向融合又催生产业创新。产业的业态形成了岗位群，岗位群的知识和技能需求反映到专业上，专业在学科上的溯源与积累有利于技术技能积累与创新。

跨境电子商务是在全球化贸易背景下，由电子商务应用广度和深度的拓展而来的。因此，电子商务专业以专业方向的方式率先开展了人才培养的探索。随着跨境电子商务的深入发展，还涉及交易、支付、物流、通关、退税、结汇等诸多领域的人才培养创新，人才需求结构也越发明晰。原有由电子商务专业衍生的跨境电子商务专业已不能完全适应跨境电子商务的内涵与发展。

对跨境电商人才的思考，不能只局限在电商平台的交易环节，要从整个跨境贸易的链条来思考跨境电商人才结构。综合分析产业业态、岗位群和典型职业活动，原有电子商务专业的跨境电子商务方向已具备独立设置成跨境电子商务专业的条件和基础。同时，跨境电子商务的发展急需国际贸易类专业新增跨境贸易商务谈判、跨境贸易市场采购等专业或培养方向；急需报关类专业新增跨境贸易关务等专业或培养方向；急需物流类专业新增跨境贸易供应链管理、跨境贸易物流等专业或培养方向。这样才能逐步形成一个较为完善和能支撑产业发展的跨境电商人才培养体系。因此，跨境电商人才培养需要国际贸易、报关、物流、电子商务等专业共同行动。

在跨境电子商务交易中，贸易流程将由平台引导完成，交易贸易规则的变化也会在第一时间由平台予以呈现，降低了国际贸易的门槛。这就使得贸易主体从烦琐的国际贸易流程与规则中解脱出来，这也是跨境电子商务能够培育出众多中小企业国际贸易主体的原因所在。与此同时，随着"两平台六体系"的建设成熟，贸易主体还将从烦琐的关务流程中解脱出来，极大地节约了成本，提高了效率。因此，跨境电子商务从业者和传统国际贸易从业者在知识与技能结构上存在着本质的差别。我们组织编写的《跨境电子商务人才培养指南》中有比较完整的反映。

三、全国电商行指委下一步工作考虑

（一）打造专业、创新和智库三个发展平台

专业发展平台就是全国跨境电子商务综合试验区职业教育集团，重点支撑专业布点、专业建设、师资队伍培养，参与教学资源建设。创新平台是苏州经贸职业技术学院建设的跨境电子商务应用研究与人才培养协同创新中心，这个平台重点支撑产教融合，技术技能积累与创新，科学研究和教学研究，参与教学资源建设。智库平台就是数字经济与跨境电商综试区发展大会，重点支撑政产学研合作、政校合作、校企合作和前面两个平台的成果展示，以此平台带动学校深度参与地方经济发展。

（二）遴选一批全国跨境电子商务教学改革实验校

计划遴选"10+1"所全国跨境电子商务教学改革实验校，这个名称是暂定的，最终叫什么，大家觉得怎么好就怎么来，但是也不能随便叫，要本着朴素有内涵的原则。为什么是"10+1"所，这个"1"就是杭职院，杭职院不用申请，也不占10所的名额。杭职院在职教集团建设中做出了突出贡献。这"10+1"所学校，我们组织力量共同优化人才培养方案，开展联合教研，立项重点教改项目，共建实训基地，集中宣传教学改革成果，并为这些学校的专业负责人和骨干教师搭建各种发展平台，将他们培养成跨境电子商务领域的代表人物。

（三）继续推动共建"行业＋领先企业"产教融合生态

通过"行业＋领先企业"产教融合生态建设，整合领先企业资源，撬动政府资源。我们将重点支持全国跨境电子商务综合试验区职业教育集团成员学校与所在地综合试验区建立深度合作，帮助学校更多地获得当地政府的支持与资源。

各位老师！在推动农村电子商务人才培养过程中，全国电商行指委和供销行指委开展了良好和务实的深度合作。在推动跨境电子商务人才培养的新征程上，我们愿意积极和主动地与国际贸易、报关、物流等领域的行指委开展交流与合作，在教育部统筹下，共同为建立和完善跨境电子商务人才培养体系做出贡献！

谢谢大家！

全国电子商务职业教育教学指导委员会副主任

序言（三）

记得20世纪90年代初，在深圳安装一部固定电话的官方价格是6 000元人民币，还要排队，黑市价要10 000元人民币！背后的原因是进口的模拟程控交换机价格昂贵，即使售高价也无法满足市场需求。然而，这种状况不久就被改变了，一群完全不懂模拟交换技术的中国年轻人率先利用计算机技术发明了数字程控交换机——HJD04，以"巨大中华"[①]等为代表的中国通信企业打破了我国局用程控交换机被进口设备垄断的局面，并最终成为全球数字通信市场的主导者。

当一项重大工业革命性技术发明时，嵌入市场需求场景，就可能引起同行业及商业形态发生颠覆式变革。或者说，将是社会及商业创新发展的重要窗口期和机遇。

以上数字通信产品的诞生过程，就是离我们最近的案例之一。

蒸汽机、电力、计算机及互联网被公认为是近代四大重要工业革命性技术发明。我们正处于以互联网、大数据、人工智能为代表的第四代工业革命的窗口期，未来还会有哪些重大商业变革的机遇呢？

今天，互联网/IT技术（含移动网络）在商业服务领域中的应用——电子商务的迅猛发展，已明显改变了传统商业零售业和生活服务业的形态，跨境电商（零售）逐渐成为新热点。

然而，直至今天，互联网在传统国际贸易中的应用（跨境贸易或数字贸易），并未发生重大实质性改变。这已成为全球贸易发展的短板，也是创新变革的机遇！

众所周知，自1978年中国改革开放以来，中国制造业产值已超过美、日、德三国的总和，成为名副其实的"世界工厂"，并且成为全球外贸出口第一，进口第二，同时也是外贸企业特别是中小企业最多的国家，这种独特的外贸市场环境（场景）结合互联网技术的发展，导致我国在近20年中涌现出了大批与传统国际贸易模式截然不同的外贸服务新业态。

跨境电商营销平台（在线交易撮合类）、跨境电商交付平台（外贸综合服务企业[②]）及基于交易大数据的履约保障体系等数字贸易服务平台正在改变传统国际贸易

[①] "巨大中华"指20世纪90年代中国通信行业的四大代表性企业：巨龙、大唐、中兴、华为。
[②] "外贸综合服务企业"指以阿里巴巴—达通为代表的，基于互联网的中小企业进出口业务流程外包服务平台。

的交易方式、服务规则、信用体系，同时也推动贸易监管制度的改革，其目标是降低跨境交易门槛，促进中小企业及欠发达地区的发展，改变全球价值链，符合全球普惠贸易发展的大趋势。

"'行业+领先企业'产教融合新形态系列教材"正是在这个大背景下推出的，教材系统地总结、整理了国内外知名跨境电子商务平台的运营经验、理论依据、规则标准等内容，适合各类电商专业院校、数字贸易学院作为教学材料。

数字贸易是数字经济时代的重要组成部分，大数据的应用将类比传统经济中的水、电、煤，成为经济发展的基本要素，而培育适应数字经济时代发展的人才，已成为把握未来的关键，相信我国在数字经济时代的教育实践与探索，能够成为全球数字贸易人才培育的标杆。

2019年6月 深圳

前 言

2013年9月和10月，国家主席习近平出访亚洲国家期间，先后提出共建"丝绸之路经济带"和"21世纪海上丝绸之路"的重大倡议，得到国际社会高度关注。2015年3月，国家发布了《推动共建丝绸之路经济带和21世纪海上丝绸之路的愿景与行动》纲领性文件。2016年，第71届联合国大会决议，欢迎"一带一路"等经济合作倡议，呼吁国际社会为"一带一路"倡议提供安全保障环境。

"一带一路"倡议充分依靠中国与有关国家既有的双多边机制，借助既有的、行之有效的区域合作平台，积极发展与沿线国家的经济合作。发展跨境电子商务，在很大程度上推动了"一带一路"沿线IT技术的拓展和深化，同时会涉及通关、商检、结汇、退缴税四大环节，以及和政府主导的相关部门政策的协调沟通和互认。跨境电子商务服务平台、交易平台甚至信息共享平台是加快或者促进"一带一路"沿线国家和地区之间、人民之间、文化之间沟通的一座很好的桥梁。

当前，国内越来越多的外贸企业需要开展跨境电子商务业务，但人才匮乏是限制跨境电子商务发展的关键因素，具备实践经验和操作能力的优秀专业人才更是一将难求，在一定程度上妨碍了行业发展。

本书是面向跨境电子商务人才培养课程的教材，全书共分为七章。第一章从跨境电子商务行业的概况入手，完整地分析了我国跨境电子商务的发展现状及趋势、跨境电子商务与传统外贸的区别，以及跨境电子商务行业的岗位分类。第二章深入讲解了跨境电子商务进出口结构及其各自领域概况，包括进口与出口、跨境电子商务主要模式。第三章介绍速卖通、亚马逊、eBay和阿里巴巴国际站平台的概况、优劣势、服务以及平台运营模式。第四章围绕跨境电子商务的营销方式进行分析讲解，让读者对跨境电子商务的营销方式有初步的认知，并能够选择适合自身的营销方式运营店铺。第五章围绕跨境电子商务的支付进行全方位讲解，包括支付方式和外汇管理的现状，分析跨境电子商务支付方式目前存在的风险问题，并提出相关的解决措施。第六章主要讲解跨境电子商务物流，包括邮政包裹模式、商业快递、专线物流和海外仓等国际物流服务商的概况、优劣势和收费标准等内容。第七章围绕跨境电子商务相关的法律法规内容进行讲解。

教材在跨境电子商务大背景下展开一系列认知学习，在编写过程中注重跨境电子商务理论与实践相结合。全书编写思路明晰，内容广度和深度把握合理，理论知识体系完整，同时还为读者提供了配套的教学资源包，包括教学课件、视频等资源。

本书由全国跨境电子商务综合试验区职业教育集团、北京博导前程信息技术股份有限公司组织编写；由袁江军（杭州职业技术学院）担任主编，王红蕾（北京商业学校）、南志光（郑州财税金融职业学院）、马三生（秦皇岛职业技术学院）担任副主编。

跨境电子商务方兴未艾，对跨境电子商务领域的教育还在初步积累和研究深化中。本书还有很多有待改进之处，需要不断完善和提升，敬请广大读者批评指正。

目 录

第一章　走进跨境电子商务　　　　　　　　001
　1.1　跨境电子商务概况　　　　　　　　002
　1.2　跨境电子商务岗位认知　　　　　　006
　1.3　跨境电子商务与传统国际贸易　　　013
　1.4　跨境电子商务的发展　　　　　　　020

第二章　跨境电子商务的模式　　　　　　031
　2.1　进口与出口　　　　　　　　　　　032
　2.2　跨境电商模式　　　　　　　　　　036

第三章　跨境电子商务平台认知　　　　　041
　3.1　速卖通　　　　　　　　　　　　　042
　3.2　亚马逊　　　　　　　　　　　　　047
　3.3　eBay　　　　　　　　　　　　　　053
　3.4　阿里巴巴国际站　　　　　　　　　063

第四章　跨境电子商务营销　　　　　　　071
　4.1　店铺自主营销　　　　　　　　　　072
　4.2　平台营销活动　　　　　　　　　　080
　4.3　社交媒体营销　　　　　　　　　　086
　4.4　搜索引擎营销　　　　　　　　　　098
　4.5　电子邮件营销　　　　　　　　　　101

第五章　跨境电子商务支付　　　　　　　105
　5.1　跨境电子支付概况　　　　　　　　106
　5.2　支付风险与防范　　　　　　　　　118

第六章　跨境电子商务物流　　　　　　　122
　6.1　跨境电子商务物流概况　　　　　　123
　6.2　邮政包裹模式　　　　　　　　　　128
　6.3　商业快递　　　　　　　　　　　　135
　6.4　专线物流　　　　　　　　　　　　142

6.5	其他物流方式	148
6.6	海外仓	149

第七章　知识产权与法律法规　153

7.1	知识产权	154
7.2	常见的法律法规	161

索引　165

第一章

走进跨境电子商务

跨境电子商务的发展推动了物流配送、电子支付、电子认证、信息内容服务等现代服务业和相关电子信息制造业的发展。随之，国内一批知名电商平台企业、物流快递企业、第三方支付本土企业加快崛起，极大地促进了经济的发展。

知识目标

1. 了解跨境电子商务的概念及其特点；

2. 熟悉跨境电子商务行业的岗位设置；

3. 明确跨境电子商务不同岗位的能力与职责；

4. 了解跨境电子商务与传统国际贸易的区别；

5. 了解跨境电子商务的发展概况。

能力目标

1. 能根据跨境电子商务工作设置相应的岗位；

2. 具备跨境电子商务岗位职责分析的能力；

3. 能独立区分跨境电子商务与传统国际贸易；

4. 能通过数据分析跨境电子商务发展的现状及趋势。

1.1 跨境电子商务概况

电子信息技术的飞速发展，经济全球化的不断深入，为跨境电子商务的进一步发展提供了巨大动力。作为推动经济一体化、贸易全球化的技术基础，跨境电子商务冲破了国家间的壁垒，使国际贸易走向无国界化，促进了世界经济贸易的巨大变革。目前，跨境电子商务已成为我国企业拓展海外市场的重要方式。作为电商领域的新蓝海，它的快速壮大亦成为电商创业高速发展的强大动力。

1.1.1 跨境电子商务的概念

跨境电子商务（Cross-Border E-Commerce）是指分属不同关境的交易主体，通过电子商务平台达成交易，进行支付结算，并通过跨境物流送达商品、完成交易的一种国际商业活动。

我国跨境电子商务主要分为跨境零售和跨境B2B贸易两种模式。

跨境零售包括B2C（Business-to-Customer）和C2C（Consumer to Consumer/Customer to Customer）两种模式。跨境B2C电子商务是指分属不同关境的企业直接面向消费个人开展在线销售产品和服务，通过电商平台达成交易、进行支付结算，并通过跨境物流送达商品、完成交易的一种国际商业活动。跨境 C2C 即 Customer（Consumer）to Customer（Consumer），是指分属不同关境的个人卖方对个人买方开展在线销售产品和服务，由个人卖家通过第三方电商平台发布产品和服务售卖信息、价格等内容，个人买方进行筛选，最终通过电商平台达成交易、进行支付结算，并通过跨境物流送达商品、完成交易的一种国际商业活动。B2C 模式下，我国企业直接面对国外消费者，以销售个人消费品为主，物流方面主要采用邮政物流、商业快递、专业快递及海外仓储等方式，其报关主体是邮政或快递公司，目前大多还未纳入海关登记。

跨境 B2B（Business to Business）贸易是指分属不同关境的企业，通过电商平台达成交易、进行支付结算，并通过跨境物流送达商品、完成交易的一种国际商业活动，现已纳入海关一般贸易统计。

1.1.2 跨境电子商务的特点

跨境电子商务是基于网络发展起来的。网络空间相对于物理空间来说是一个新空间，是一个由网址和密码组成的虚拟但客观存在的世界。网络空间独特的价值标准和行为模式深刻地影响着跨境电子商务，使其不同于传统的交易方式而呈现出自己的特点。

一、全球性（Global）

网络是一个没有边界的媒介体，具有全球性和非中心化的特征。依附于网络发生的跨境电子商务也因此具有了全球性和非中心化的特性。

二、无形性（Intangible）

网络的发展使数字化产品和服务的传输盛行。而数字化传输是通过不同类型的媒介，如数据、声音和图像在全球化网络环境中集中进行的，这些媒介在网络中是以计算机数据代码的形式出现的，因而是无形的。

三、匿名性（Anonymous）

由于跨境电子商务的非中心化和全球性的特性，因此很难识别电子商务用户的身份和其所处的地理位置。在线交易的消费者往往不显示自己的真实身份和地

四、即时性（Instantaneously）

对于网络而言，传输的速度和地理距离无关。传统交易模式，信息交流方式如信函、电报、传真等，在信息的发送与接收间，存在着长短不同的时间差。而电子商务中的信息交流，无论实际时空距离远近，一方发送信息与另一方接收信息几乎是同时的，就如同生活中面对面交谈。

五、无纸化（Paperless）

电子商务主要采取无纸化操作的方式，这是以电子商务形式进行交易的主要特征。在电子商务中，电子计算机通信记录取代了一系列的纸面交易文件，用户发送或接收电子信息。由于电子信息以数字化形式存在和传送，因此整个信息发送和接收过程实现了无纸化。

六、快速演进（Rapidly Evolving）

网络设施和相应的软件协议的未来发展具有很大的不确定性，税法制定者必须考虑的问题是，网络正在以前所未有的速度和无法预知的方式不断演进。

1.1.3 跨境电子商务产业链

目前，世界贸易的增速已趋于缓慢，企业若要进一步开拓市场、提高效益，就需要采取减少流通环节、降低流通成本、拉近与国外消费者距离等措施。

跨境电子商务的出现，打破了传统国际贸易模式下国内外渠道如进口商、批发商、分销商甚至零售商的垄断，使得企业可以直接面对个体批发商、零售商，甚至是直接的消费者，大大降低了商品流转的成本。贸易中间链路的缩短为企业获利能力提升及消费者获得实惠提供了可能。跨境电子商务形成了以跨境电子商务平台、商户为核心，上下游企业参与者众多的较长行业产业链。"货物流、资金流、信息流、商流"多个贸易环节的参与者分别有：上游供应商、下游消费者以及众多服务商（包括物流、仓储公司、第三方支付公司、外贸综合服务平台、代运营公司、银行等）。

一、跨境电子商务企业

对企业来说，跨境电子商务企业构建的开放、多维、立体的多边经贸合作模式，极大地拓宽了进入国际市场的路径，大大促进了多边资源的优化配置与企业间的互利共赢；对于消费者来说，跨境电子商务企业使他们非常容易地获取其他国家的信息并买到物美价廉的商品。

二、物流企业

物流企业在跨境电子商务产业链中的作用，是为买方和卖方提供物流仓储服务。跨境电子商务物流运输方式一般包括邮政小包、国际快递、专线物流、海外仓以及国内快递的跨国业务，其中国际快递的四大巨头是 UPS、FedEx、DHL、TNT。

三、第三方支付公司

第三方支付公司在跨境电子商务产业链中的作用，是为参与者提供跨境支付服务，与银行汇款、银行卡支付等相互补充。第三方支付公司可以用自身名义为交易双方提供外汇资金收付及结售汇服务，通过与银行合作的方式，解决了许多跨境支付难题。其中，较为知名的第三方支付公司有 PayPal、Payonner 等。

四、外贸综合服务平台

外贸综合服务平台在跨境电子商务产业链中的作用，是通过专业化团队提供集中制单、清关、退税等服务。外贸综合服务平台专门负责中小企业产品出口，常见的国内知名平台有融易通、一达通、义乌通等。

五、代运营公司

代运营公司是海外商户在国内销售的代理人，在跨境电子商务产业链中的作用是协助商户做好国内网站维护、店铺推广、促销宣传、客户服务、通关分拣、仓储保管、物流运输等工作。例如，以服务大型电商平台为主业的杭州海仓科技有限公司，承接了"考拉海购"60%以上的供应业务，提供备货、分拣、打包服务，管理的跨境商品总额近 10 亿元。

1.2 跨境电子商务岗位认知

1.2.1 岗位分类

目前,跨境电子商务的工作岗位分为初级、中级和高级三大类,主要从事外贸电子商务和网络营销等相关工作,其中较为典型的职业岗位以及对应的具体工作内容如下:

一、初级岗位

初级岗位从业人员具备与跨境电子商务相关的基础性技能,如外语、设计、推广、数据分析等技能,懂得"如何去做"跨境电子商务。目前,初级岗位主要有以下几类:

1. 客户服务

从业人员需掌握并熟练运用英语、法语或德语等外语,能够通过邮件、电话等沟通渠道与客户进行交流,其中售后客服还应了解不同国家的相关法律法规,能够处理知识产权纠纷。

2. 视觉设计

从业人员需要精通美学设计和视觉营销两项技能,并能熟练使用摄影器材和图片处理软件(如 Photoshop),拍出合适的产品图片,设计美观的页面。

3. 网络推广

从业人员应熟悉各大电商平台及推广网站,能够运用信息技术编辑、上传、发布产品及活动宣传信息,掌握搜索引擎优化、交换链接、网站检测等专业技术,并结合基本的数据分析方法对产品进行网络推广。

二、中级岗位

中级岗位从业人员对于现代商务活动较为熟悉,对于跨境电子商务技术知识有较为深入的研究,具有一定的管理和整体把控能力,能独自处理较为复杂的跨境电子商务问题。目前,中级岗位主要有以下几类:

1. 市场运营管理

从业人员应熟悉互联网大环境,精通营销推广知识,具备合理分析目标群体思维方式和生活方式的能力，能够通过活动策划、商品编辑、商业大数据分析、用户体验分析等网络营销手段对产品进行推广。

2. 采购与供应链管理

该岗位对跨境电商平台的成功起到关键性作用。从业人员应十分熟悉跨境电子商务的各个环节，能够胜任从产品方案制定、采购、生产、运输、库存、出口、物流配送等一系列环节的供应链管理工作。

3. 国际结算管理

从业人员应掌握国际结算中的各项规则，具备贸易、出口、商品及金融等领域的综合管理能力，熟悉相关的法律法规，并能灵活运用，以有效控制企业的国际结算风险。

三、高级岗位

高级岗位的从业人员主要包括：熟悉跨境电子商务业务的高级职业经理人，促进跨境电子商务产业发展的领军人物。

从业人员除熟悉跨境电子商务前沿理论外，还应具备前瞻性思维和领导能力，可以从战略上洞察和把握跨境电子商务的特点和发展规律，引领跨境电子商务产业发展，是知识储备和思维策略兼具的战略性人才。

目前，从事跨境电子商务客服、网络推广、视觉设计等初级岗位的人才较多。随着跨境电子商务的不断发展，企业间的竞争不断加剧，负责跨境业务运营的商务型中级人才需求会越来越迫切；而有3～5年大型跨境电子商务企业管理经验，能引领企业国际化发展的战略管理型高级综合人才更是一将难求。

1.2.2 岗位能力与职责分析

表1-1至表1-10是某外贸企业电子商务部门岗位说明书的范本，可以直观地展示跨境电子商务岗位职责和任职要求。

1. 电子商务主管/经理（岗位说明书见表1-1）

表1-1　电子商务主管/经理岗位

部门	电子商务部	直接上级	总经理（暂定）
职位	电子商务主管/经理	直接下级	网络推广、客服
岗位职责	（1）协助总经理制定年度销售目标 （2）保证每月销售额达到预期目标 （3）每月与本部门人员进行实质沟通，分析和交流现存问题 （4）帮助本部门人员解决工作中存在的问题 （5）从实际出发，安排好每个岗位人员的工作任务和内容 （6）督促本部门人员完成工作，并随时加以鼓励或指导 （7）做好与总经理之间的沟通，制定企业品牌网络营销方案、宣传推广计划，并传达到相关部门执行 （8）维护好与供应商和客户的关系 （9）完成上级临时指派的其他工作任务		
任职要求	（1）大专以上学历，三年以上电子商务主管工作经验 （2）熟悉直通车、钻石展位、网络搜索引擎，擅长SEO，熟悉网络推广模式，了解行业现状与发展趋势，具备网络社区或电子商务网站运营策划经验 （3）熟悉主要跨境电子商务平台的运营环境、交易规则、推广方法 （4）具有良好的文案撰写能力，善于运用语言文字打动买家，熟悉各大论坛的运作情况 （5）负责网络营销及推广方案的制定与实施，编制推广费用预算，审核广告投放数据和进度；通过策划各类活动，结合互联网资源进行有效的广告宣传和促销推广		
具备技能	□组织领导能力　　□决策能力　　□管理能力　　□沟通协调能力 □解决问题能力　　□计划能力　　□创新能力　　□执行力		

2. 业务员（岗位说明书见表1-2）

表1-2　业务员岗位

部门	电子商务部	直接上级	电子商务主管/经理
职位	业务员	直接下级	无
岗位职责	（1）完成每月的销售定额目标 （2）对客户提出的问题耐心、仔细、迅速地进行解答 （3）维护好与新老客户的关系 （4）建立客户档案，跟踪售后服务信息		
任职要求	（1）大专以上学历，国际贸易或相关专业毕业，两年以上工作经验 （2）英语听/说/读/写能力达到六级水平以上 （3）好学、上进，具备良好的沟通能力和销售技巧，性格开朗乐观，有较强的工作责任心		
具备技能	□沟通协调能力　　□谈判能力　　□解决问题能力　　□创新能力		

3. 网络推广组长（岗位说明书见表1-3）

表1-3　网络推广组长岗位

部门	电子商务部	直接上级	电子商务主管/经理
职位	网络推广组长	直接下级	网络推广
岗位职责	（1）制定行之有效的推广计划 （2）精通Google、Yahoo、Baidu等搜索引擎的相关知识，以及Alexa排名机制和优化原则 （3）利用各种互联网资源、网络媒介推广企业品牌、产品及服务，提高企业网站曝光度、知名度和美誉度 （4）提出富于创意的网络推广方案，并能高效推动方案执行 （5）完成上级临时指派的其他工作任务		
任职要求	（1）大专以上学历，电子商务专业，两年以上各类网站推广经验、网络营销工作经验，文字功底扎实，有较强的策划、文案撰写能力，能够独立策划并撰写活动文案，书写各种宣传文件 （2）精通SEO优化技术和部署技巧，熟悉网络和论坛，熟悉网络营销手段和策略，能根据要求提高关键词排名 （3）具备多种迅速提高网络人气的技能，如微信、微博、软文、论坛、博客、SNS社区等 （4）熟悉相关网络广告投放者，有成功网站SEO推广经验和丰富的互联网资源者（如网站站长、联盟、网络资源等）优先		
具备技能	□领导能力　　□沟通协调能力　　□管理能力　　□培养下属能力 □学习能力　　□创新能力　　　　□执行力　　　□计划能力		

4. 网络推广员（岗位说明书见表1-4）

表1-4　网络推广员岗位

部门	电子商务部	直接上级	网络推广组长
职位	网络推广员	直接下级	无
岗位职责	（1）利用微信、微博、博客、论坛、BBS等多种网络推广方式进行相关产品的推广工作 （2）运用多种网络推广手段提高网站访问量以及传播效果 （3）分阶段按时完成网站推广任务，定期或不定期地对推广效果进行跟踪、评估 （4）对网站流量负责 （5）及时提出网络推广的可行性建议 （6）完成上级临时指派的其他工作任务		

（续表）

部门	电子商务部	直接上级	网络推广组长
职位	网络推广员	直接下级	无
任职要求	（1）一年以上推广发帖工作经验 （2）了解网络推广，了解各大论坛、博客、SNS、微信等网络推广手段和方向 （3）有较强的责任心和耐心，较好的书写能力 （4）有电子商务行业推广工作经验或专职网络推广经验者优先		
具备技能	□团队协作能力　□学习能力　□创新能力　□执行力　□计划能力		

5. 网站建设主管（岗位说明书见表1-5）

表1-5　网站建设主管岗位

部门	电子商务部	直接上级	电子商务运营经理
职位	网站建设主管	直接下级	网站建设技术员
岗位职责	（1）分析现有网站资源是否能满足企业需求 （2）负责网站的设计、建设以及日常的维护与更新 （3）对网站系统数据库进行日常管理，统计数据库中的相关信息 （4）负责网络运行的安全性、可靠性及稳定性 （5）负责网站的链接、广告交换和网站层面的合作推广工作 （6）负责软件开发工作 （7）负责计算机硬件和软件的维护 （8）完成上级临时指派的其他工作任务		
任职要求	（1）大专以上学历，计算机软件开发专业 （2）两年以上相关工作经验 （3）能独立完成网站设计及软件开发项目 （4）能承受工作压力，有较好的工作责任心		
具备技能	□领导能力　□管理能力　□专业知识技能　□创新能力 □执行力　□计划能力　□解决问题能力　□培养下属能力		

6. 网站程序员（岗位说明书见表1-6）

表1-6　网站程序员岗位

部门	电子商务部	直接上级	网站建设主管
职位	网站程序员	直接下级	无
岗位职责	（1）协助主管建立、开发企业网站 （2）保护企业网站正常运行 （3）定期对网站进行维护、更新 （4）协助主管做好软件开发工作 （5）定成上级临时指派的其他任务		

（续表）

部门	电子商务部	直接上级	网站建设主管
职位	网站程序员	直接下级	无
任职要求	（1）一年以上网络开发经验，熟悉软件开发过程和软件工程方法，熟悉软件开发工具的使用 （2）熟悉 SQL Server 数据库系统的开发与应用，有较强的编程语言功底，熟悉 C#、asp.net、JavaScript、XML、HTML 语言 （3）熟悉相关工具的使用，如 Power designer、Visio、Project、VSS 等 （4）有大型专业站开发经验者优先		
具备技能	□专业技能　　□团队协作能力　　□创新能力　　□分析能力 □概括能力　　□判断能力　　　□逻辑思维能力　□沟通协调能力 □执行力		

7. 设计主管（岗位说明书见表 1-7）

表 1-7　设计主管岗位

部门	设计部	直接上级	电子商务运营经理
职位	设计主管	直接下级	美工、摄影、室内设计
岗位职责	（1）负责企业品牌形象设计 （2）进行网站项目的整体版式、风格设计，负责网页、专题设计和动态调整 （3）负责企业网站的页面设计，页面内容的更新和网站优化 （4）负责各类包装设计、平面设计 （5）负责各类活动的道具设计、美术陈列 （6）完成上级临时指派的其他工作任务		
任职要求	（1）本科以上学历，视觉设计类专业，美术和电脑应用功底扎实 （2）精通 Web 页面设计原理，有良好的视觉设计能力，有优秀的布局感和色彩感，能够整体把握网站的风格和结构 （3）精通平面设计，能熟练操作 CorelDraw、Photoshop、ILLustrator、Flash、Dreamweaver 等平面设计软件 （4）敬业爱岗，积极进取，富有灵感，能高质量、快速地实现设计创意 （5）具备网页制作和设计经验、有团队领导能力者优先		
具备技能	□组织领导能力　□管理能力　　□专业知识技能　□创新能力 □执行力　　　　□计划能力　　□解决问题能力　□培养下属能力		

8. 美工（岗位说明书见表1-8）

表1-8　美工岗位

部门	设计部	直接上级	设计主管
职位	美工	直接下级	无
岗位职责	（1）负责优化、上传产品图片，更新库存 （2）协助设计主管完成各类包装设计、平面设计 （3）协助设计主管完成各类活动的道具设计、美术陈列 （4）完成上级临时指派的其他工作任务		
任职要求	（1）大专以上学历，视觉设计、平面设计类专业 （2）有较强的平面设计和美术功底 （3）熟练使用CorelDraw、Photoshop、Illustrator、Flash、Dreamweaver、Office等常用设计软件 （4）精通Web页面设计原理，有良好的视觉设计能力，有优秀的布局感和色彩感，能够整体把握网站的风格和结构 （5）具备网页制作和设计经验、有团队领导能力者优先		
具备技能	□专业技能　　□团队协作技能　　□创新能力　　□执行力 □沟通协调能力		

9. 摄影（岗位说明书见表1-9）

表1-9　摄影岗位

部门	设计部	直接上级	设计主管
职位	摄影	直接下级	无
岗位职责	（1）负责企业网站和实体店产品照片的拍摄工作 （2）负责企业各类型的拍摄工作以及后期制作 （3）对拍摄出来的图片做好分类、上传工作 （4）测量产品尺寸 （5）完成上级临时指派的其他工作任务		
任职要求	（1）大专以上学历，一年以上影棚拍摄经验 （2）具备扎实的美术功底，对色彩感觉强烈，对视觉表达有独特的观点 （3）积极热情，具有职业道德、良好的行业素质 （4）有较强的团队意识，能承受较大的工作压力		
具备技能	□专业技能　　□团队协作技能　　□创新能力　　□执行力 □沟通协调能力		

10. 室内设计（岗位说明书见表 1-10）

表 1-10　室内设计岗位

部门	设计部	直接上级	设计主管
职位	室内设计	直接下级	无
岗位职责	（1）负责企业专卖店的设计、装修和布局 （2）负责装修材料的购买和装修进度跟进 （3）协助主管完成网店装修和各类美工工作 （4）完成上级临时指派的其他工作任务		
任职要求	（1）大专以上学历，室内设计专业 （2）一年以上室内设计工作经验 （3）有较强的平面设计和美术功底 （4）能熟练使用 CorelDraw、Photoshop、CAD 等常用设计软件 （5）精通 Web 页面设计原理，有良好的视觉设计能力，有优秀的布局感和色彩感，能够整体把握专卖店的风格和结构		
具备技能	□专业技能　　□团队协作技能　　□创新能力　　□执行力 □沟通协调能力		

1.3　跨境电子商务与传统国际贸易

1.3.1　"互联网+"对传统国际贸易的影响

近年来，我国的传统国际贸易正面临着增幅放缓、下行压力增大的局面，很多地区甚至出现负增长的现象。困扰企业外贸发展的三大难题是市场订单不足、利润空间变小、价值链低端。反观跨境电子商务这一"互联网+外贸"的新型业态，近年来却以 30% 以上的增长速度迅猛发展，与传统国际贸易的发展形势形成鲜明对比。可见，"互联网+外贸"是外贸稳增长促转型的新动力。

一、跨境电子商务为传统国际贸易业务带来的机会

1. 跨境电子商务缩短了对外贸易的中间环节，提高了进出口贸易的效率，为小微企业提供了新的机会

跨境电子商务基于互联网的运营模式，正在重塑中小企业国际贸易链条。跨境电子商务打破了传统国际贸易模式下国外渠道如进口商、批发商、分销商甚至零售商的垄断，使得企业可以直接面对个体批发商、零售商，甚至是直接的消费者，有

效地减少了贸易中间环节和商品流转成本,节省的中间环节成本为企业获利能力提升及消费者获得实惠提供了可能。传统国际贸易环节和跨境电子商务环节的对比如图1-1所示。

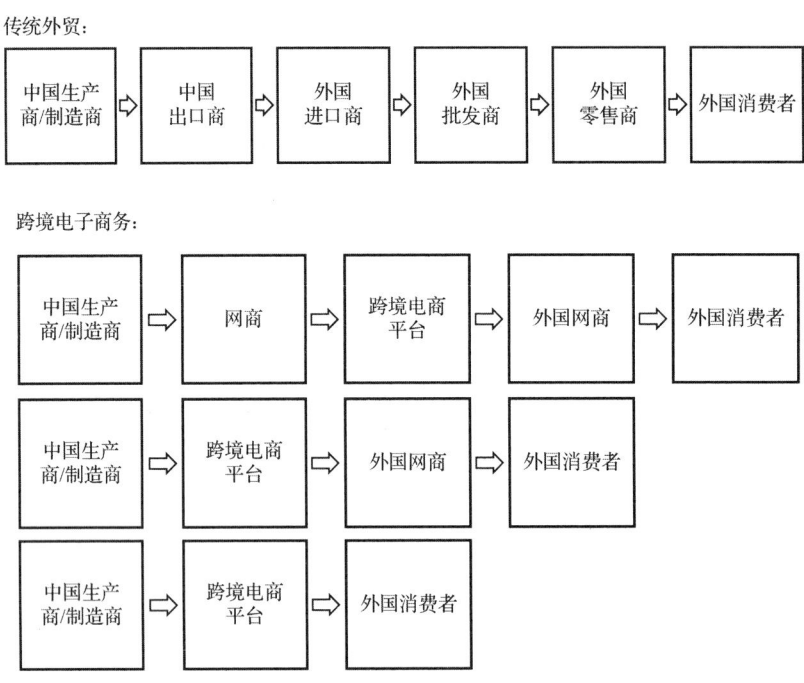

图1-1 传统国际贸易和跨境电子商务环节对比

2.跨境电子商务有利于实现外贸客户资源管理

外贸企业原有的经营方式多是业务员包揽从客户选择、签订合同、组织货源、验货报关到货款支付的全过程,掌握着客户资源。这会使得企业无法掌握客户的状况,业务员在很大程度上影响着企业的生存和发展,一旦人才流失,企业的竞争力会急剧下降。而在电子商务模式下,外贸企业的信息化建设使每人每天的工作日程与行动记录都有据可查,所有细节一目了然,使信息主动权更多地掌握在外贸企业手中。

3.跨境电子商务降低了交易成本和采购成本,交易透明度高

外贸企业在传统的国际贸易采购中,需要耗费大量的人力物力,买卖双方需要经过多次的询盘、还盘,大量的来往传真、电函才能成交,并且在这些过程中还非常容易出现人为操作失误。资料表明,采用EDI,商业文件的传递速度提高了81%,由差错造成的商业损失减少了40%,文件处理成本降低了38%。使用EDI的

公司通常可以节省 5%～10% 的进货费用，同时可以使企业将工作重心集中在研发新产品、开拓新客户、巩固与供应商的合作关系以及企业的长远发展上。

企业在互联网上进行采购，还可以更广泛地选择供货商、压低进货成本、保证进货质量。开展电子商务，企业可随时在网上查找信息，营销和采购部门对市场的反应速度大大加快，可明显地缩短贸易双方的订货周期，从而减少库存天数，显著降低存货，甚至做到无存货，存储费用也会相应减少。另外，电子商务还可缩短交单结汇时间，加快资金周转，节省利息支出等费用。

此外，由于电子商务以网络信息和商务数据交换为媒介达成交易，网络的开放性使一些大宗商品，如煤炭、钢铁、矿砂等原来只是供货商与用户直接交易的标的，也可以采用公开和透明的贸易方式进行。

4. 跨境电子商务有利于外贸企业越过贸易壁垒，扩大贸易机会

跨境电子商务的发展进一步推动了生产和服务的全球化，加速了全球市场一体化和生产国际化的进程，促进供应商和用户建立更紧密的联系。外贸企业可以向用户提供全天候的产品信息和服务，从而大大增加贸易机会，用户也可以在全球范围内选择最佳供应商。这有利于打破国际和地区之间有形和无形的壁垒，对世界经济产生了巨大的影响。

5. 跨境电子商务有利于减轻外贸企业对实物基础设施的依赖

传统企业开展国内贸易业务都必须拥有相应的基础设施。与开展国内贸易相比，进行国际贸易对实物基础设施的依赖程度要高很多。如果企业利用电子商务开展国际贸易业务，在这方面的投入则要小很多。如美国亚马逊网上书店，几乎找不到豪华的办公室、宽敞的营业大厅，甚至除了少量的畅销书有部分库存外，其他绝大多数图书品种都是在接到客户订单后再向各出版社订购的，几乎不占库存。因此，利用电子商务开展国际贸易可以显著减少企业在基础设施方面的投入。对信息产品而言，如电子版的报纸杂志、视听娱乐和计算机软件及信息咨询提供等，如果产品本身可以在线成交和在线支付的话，则销售柜台、仓储设施等完全是多余的。整个销售环节，从研制开发、订货、付款到产品交付都可以在网上实现。由于电

子商务减轻或消除了对实物基础设施的依赖，因此外贸企业可以将节省的开支大部分让利给客户。

二、传统国际贸易业务在跨境电子商务中面临的挑战

尽管跨境电子商务为我国的外贸企业带来了巨大的商机，但同时也使其面临很大的挑战。

1. 外贸企业信息化程度低

电子商务的实施，要以信息化为基础。与西方发达国家相比，我国企业信息化起步晚，信息化基础薄弱。中小外贸企业因为资金、人才缺乏，信息化水平仍然很低，具体表现为网站功能单一，管理不到位，营销推广效果不明显。许多外贸企业的网站停留在提供信息和查询的初级阶段，很少能实现在线洽谈、签订购货合同等功能。

2. 信息网络安全体系有缺陷

电子商务的运作涉及多方面的安全问题，如资金安全、信息安全、货物安全、商业机密等，特别是有关网上支付结算的信息安全性和可靠性将一直是电子商务的核心研究领域。因为电子商务必须依靠互联网，所以作为开展电子商务基础的网络必须安全可靠，网络传输的误码以及网络连接的故障率都应尽可能低。目前我国一些电子商务网站在安全体系上没有设防，很容易受到计算机病毒和网络黑客的攻击，为电子商务的发展带来很多安全隐患。

此外，跨境电子商务还面临交易安全的挑战。在跨境电子商务活动中，合约、价格等信息，事关商业机密，而网络病毒和黑客侵袭会导致商务诈骗、单据伪造等行为。许多外贸公司不敢上网签约或交易结算，严重影响跨境电子商务的发展。

3. 电子商务法律制度不完善

电子商务是一项复杂的系统过程，它不仅涉及参加贸易的双方，而且涉及不同地区、不同国家的工商管理、海关、保险、税收、银行等部门。跨境物流存在运费贵、关税高、安全性低等问题，支付环节则涉及外汇兑换和资金风险。如何公平仲裁、保障贸易纠纷双方的利益，需要有统一的法律和政策框架以及强有力的跨地区、跨部门的综合协调机制。但是，目前我国有关电子商务的法律尚不十分健全，如知识产权保护、信息资源与网络安全、电子合同的效力和执行等问题都需要法律方面

4. 缺乏高级复合型人才

电子商务涉及的领域众多,包括技术、经济、管理、法律等。对外贸企业而言,既懂得计算机网络知识,又熟悉外贸业务的操作流程,同时还具备一定外贸和电子商务法律知识的复合型人才才是企业最宝贵的资源。但是目前一些高等院校开设的电子商务专业过于侧重技术层面的培养,没有考虑电子商务的整体性。这与外贸企业的实际需求存在着很大的差距,电子商务人才的短缺与不足将直接影响外贸企业的竞争能力。

1.3.2 传统国际贸易与跨境电子商务的区别

跨境电子商务与传统国际贸易模式相比,受到地理范围的限制较少,受各国贸易保护措施影响较小,交易环节涉及中间商少,因而价格低廉、利润率高。但同时也存在明显的通关、结汇和退税障碍,以及贸易争端处理不完善等劣势。

通过对两者进行对比,可以看出其中的差异,如表1-11所示。

表1-11 跨境电子商务与传统国际贸易模式对比

	传统国际贸易	跨境电子商务
主体交流方式	面对面,直接接触	通过互联网平台,直接接触
运作模式	基于商务合同	必须借助互联网电子商务平台
订单类型	大批量、少批次、订单集中、周期长	小批量、多批次、订单分散、周期相对较短
价格、利润率	价格高、利润率相对较低	价格实惠、利润率高
产品类目	产品类目少、更新速度慢	产品类目多、更新速度快
规模、速度	市场规模大但受地域限制,增长速度相对缓慢	面向全球市场,规模大,增长速度快
交易环节	复杂(生产商—贸易商—进口商—批发商—零售商—消费者),涉及中间商众多	简单(生产商—零售商—消费者或生产商—消费者),涉及中间商较少
支付	正常贸易支付	必须借助第三方支付

（续表）

	传统国际贸易	跨境电子商务
运输	多通过空运、集装箱海运完成，物流因素对交易主体影响不明显	通常借助第三方物流企业，一般以航空小包形式完成，物流因素对交易主体影响明显
通关、结汇	按传统国际贸易程序，可以享受正常通关、结汇和退税政策	通关缓慢或有一定限制，无法享受退税和结汇政策（个别城市已尝试解决）
争端处理	健全的争端处理机制	争端处理不畅，效率低

归纳来看，跨境电子商务呈现出传统国际贸易所不具备的五大新特征：多边化、小批量、高频度、透明化、数字化。

1. 多边化

多边化指与跨境电子商务贸易过程相关的信息流、商流、物流、资金流，已由传统的双边逐步向多边的方向演进，呈网状结构。跨境电子商务可以通过 A 国的交易平台、B 国的支付结算平台、C 国的物流平台，实现与其他国家的直接贸易。而传统的国际贸易主要表现为两国之间的双边贸易，即使有多边贸易，也是通过多个双边贸易实现的，呈线状结构。

2. 小批量

小批量指跨境电子商务相对于传统国际贸易而言，单笔订单大多是小批量甚至消费者订单件。这是由于跨境电子商务实现了单个企业之间或单个企业与单个顾客之间的交易。跨境电子商务比传统国际贸易方式下产品类目多，更新速度快，具有海量商品信息库，个性化广告推送，支付方式简便、多样等优势，并且由于掌握更多的顾客数据，跨境电子商务企业更能设计和生产出差异化、定制化的产品，更好地为顾客提供服务。

3. 高频度

高频度指跨境电子商务实现了单个企业或消费者能够即时按需采购销售或消费。传统国际贸易模式下，信息流、资金流和物流是分离的，而跨境电子商务可以将信息流、资金流和物流集合在一个平台上完成，而且可以同时进行，因此相对于传统国际贸易而言，交易双方的交易频率大幅度提高。

4. 透明化

透明化指跨境电子商务不仅可以通过电子商务交易与服务平台，实现多国企业之间、企业与最终消费者之间的直接交易，而且在跨境电子商务模式下，供求双方的贸易活动可以采用标准化、电子化的合同、提单、发票和凭证，使得各种相关单证在网上即可实现瞬间传递，增加贸易信息的透明度，减少信息不对称造成的贸易风险。特别是传统国际贸易中一些重要的中间角色被弱化甚至替代了，国际贸易供应链更加扁平化，形成了制造商和消费者的"双赢"局面。通过电子商务平台，跨境电子商务大大降低了国际贸易的门槛，使得贸易主体更加多样化，大大丰富了国际贸易的主体阵营。

5. 数字化

数字化有两层含义，一是越来越多的传统国际贸易借助电子化平台开展，传统的贸易环节相关信息也更好地以无纸化的方式呈现；二是随着信息网络技术的深化应用，数字化产品（软件、影视作品、游戏等）的品类和贸易量快速增长，且通过跨境电子商务进行销售或消费的趋势更加明显。与之相比，传统的国际贸易主要存在于实物产品或服务中。

1.3.3 发展跨境电子商务对传统国际贸易的意义

一、转型升级

跨境电子商务有利于传统国际贸易企业转型升级，对保持我国外贸稳增长具有深远意义。受世界经济复苏形势缓慢及国内劳动力价格上涨、人民币升值等成本要素上升和贸易摩擦加剧等因素影响，我国外贸增速显著下滑，传统国际贸易企业遇到前所未有的困难。大力发展跨境电子商务有助于在成本和效率层面增强我国的进出口竞争优势，提高外贸企业的利润率。同时，随着电商渠道的深入渗透，可以使企业和最终消费者建立更畅通的信息交流平台，对企业及时掌握市场需求、调整产品结构、提升产品品质、树立产品品牌、建立电商信用体系，从而增强我国外贸的整体竞争力、稳定外贸增长起到重要作用。

二、新动力

跨境电子商务是促进产业结构调整的新动力。跨境电子商务的发展，直接推动了物流配送、电子支付、电子认证、信息内容服务等现代服务业和相关电子信息制造业的发展。目前，我国电商平台企业已超过 5 000 家，一批知名电商平台企业、物流快递、第三方支付本土企业加快崛起。更加突出的是，跨境电子商务将会引发生产方式、产业组织方式的变革。面对多样化、多层次、个性化的境外消费者需求，企业必须以消费者为中心，加强合作创新，构建完善的服务体系，在提升产品制造工艺、质量的同时，加强研发设计、品牌销售，重构价值链和产业链，最大限度地促进资源优化配置。

三、新格局

跨境电子商务有利于中国制造应对全球贸易新格局。跨境电子商务带给出口导向型中国制造企业的不仅仅是多了一条外贸销售渠道，也不只是全新产业链利润分配格局的变化，而是实现品牌升级、企业沿微笑曲线向两端拓展，中国制造实现产业模式转变的绝佳机会。一方面，中国与发达国家在电子商务领域第一次处在同一起跑线上，未来在国家政策支持下，相关环节日趋成熟和完善，我国外贸可以借助电子商务的发展继续在全球领跑；另一方面，借助电子商务模式短、平、快的特点，缩小中国制造业与发达国家之间的差距，实现从中国制造向中国创造的转变。

1.4 跨境电子商务的发展

1.4.1 跨境电子商务发展历程

1999 年阿里巴巴实现用互联网连接中国供应商与海外买家后，中国对外出口贸易就实现了互联网化。在此之后，共经历了三个阶段，实现了从信息服务，到在线交易、全产业链服务的跨境电子商务产业转型。

一、跨境电子商务 1.0 阶段（1999—2003 年）

跨境电子商务 1.0 阶段的主要商业模式是网上展示、线下交易的外贸信息服务模式。跨境电子商务 1.0 阶段第三方平台的主要功能是，为企业信息以及产品提供网络展示平台，并不在网络上涉及任何交易环节。

此时的盈利模式主要是向进行信息展示的企业收取会员费（如年服务费）。跨境电子商务 1.0 阶段发展过程中，逐渐衍生出竞价推广、咨询服务等为供应商提供一条龙的信息流增值类服务。

在跨境电子商务 1.0 阶段，出现了阿里巴巴国际站、环球资源网等典型的代表性平台。其中，阿里巴巴（见图 1-2）成立于 1999 年，以网络信息服务为主，线下会议交易为辅，是中国最大的外贸信息黄页平台之一。环球资源网成立于 1971 年，前身为 Asian Source，是亚洲较早提供贸易市场资讯的网络平台，并于 2000 年 4 月 28 日在纳斯达克证券交易所上市，股权代码 GSOL。

图 1-2　阿里巴巴 Logo

在此期间还出现了中国制造网、韩国 EC21 网、Kellysearch 等大量以供需信息交易为主的跨境电子商务平台。跨境电子商务 1.0 阶段虽然通过互联网解决了中国贸易信息面向世界买家的难题，但是依然无法完成在线交易，对于外贸电商产业链的整合仅完成信息流整合环节。

二、跨境电子商务 2.0 阶段（2004—2012 年）

2004 年，随着敦煌网（见图 1-3）的上线，跨境电子商务进入了 2.0 阶段。这个阶段，跨境电子商务平台开始摆脱纯信息黄页的展示行为，将线下交易、支付、物流等流程实现电子化，逐步实现在线交易平台。

图 1-3　敦煌网 Logo

相比于 1.0 阶段，跨境电子商务 2.0 阶段更能体现电子商务的本质，借助于电子商务平台，通过服务、资源整合有效打通上下游供应链，包括 B2B（平台对企业小额交易)平台模式,以及 B2C(平台对用户)平台模式。跨境电子商务 2.0 阶段,B2B 平台模式为跨境电子商务主流模式,通过直接对接中小企业商户实现产业链的进一步缩短,提升商品销售利润空间。

在跨境电子商务 2.0 阶段,第三方平台实现了营收的多元化,同时实现后向收费模式,将"会员收费"改以收取"交易佣金"为主,即按成交效果来收取百分点佣金。同时还通过平台上营销推广、支付服务、物流服务等获得增值收益。

2011 年后,"跨境电子商务"一词变得耳熟能详。国家开始重视跨境电子商务,随着各类法规的颁布出台,各个地区政府的扶持力度加强,有越来越多的卖家涌入阿里系跨境电子商务平台。有传统的行业转型进入,也有线下供应商、物流商、服务商的加入,跨境电子商务的竞争也越来越激烈。

三、跨境电子商务 3.0 阶段(2013—2018 年)

2013 年成为跨境电子商务的重要转型年,跨境电子商务全产业链都出现了商业模式的变化。随着跨境电子商务的转型,跨境电子商务企业的蓬勃发展(见图 1-4),推动跨境电子商务 3.0 "大时代"随之到来。

图 1-4 跨境电子商务企业蓬勃发展

首先,跨境电子商务 3.0 具有大型工厂上线、B 类买家成规模、中大额订单比例提升、大型服务商加入和移动用户量爆发五方面特征。与此同时,跨境电子商务 3.0 服务全面升级,平台承载能力更强,全产业链服务在线化也是 3.0 时代的重要特征。

其次,在跨境电子商务 3.0 阶段,用户群体由草根创业向工厂、外贸公司转变,且具有极强的生产设计管理能力。平台销售的商品由二手货源向一手货源和好商品转变。

最后,3.0 阶段的主要卖家群体正处于从传统国际贸易业务向跨境电子商务业务转型的艰难时期。一方面,生产模式由大生产线向柔性制造转变,对代运营和产业链配套服务需求较高。另一方面,3.0 阶段的主要平台模式也由 B2B、B2C 向 C2C、M2B 模式转变,批发商买家的中大额交易成为平台主要订单。

跨境电子商务的发展历程如图 1-5 所示。

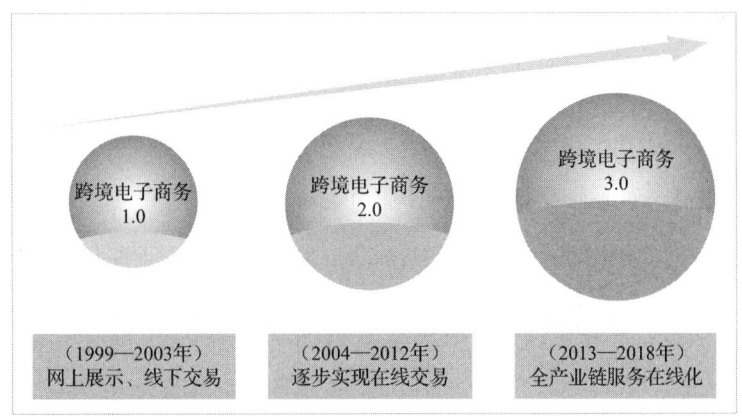

图 1-5　跨境电子商务发展历程

四、跨境电子商务 4.0 时代(2019 年至今)

2019 年是跨境电子商务的转型之年,跨境电子商务进入到规范发展时期。2018 年出现了很多变化,包括中美贸易战,欧美市场的 VAT(增值税),《电子商务法》的发布,也有更多供应商从后端走向前端。在 2018 年这一"洗牌年",有很多企业跃跃欲试;2019 年,更多地企业和品牌选择跨境电子商务,平台也将不断加强服务能力,国内产品逐渐向品牌化和品质化发展等,这些都将成为未来跨境电子商务发展的新方向。

1.4.2　我国跨境电子商务现状

一、国内跨境电子商务市场现状

对于国内跨境电子商务市场现状的分析,其数据均来自艾媒咨询的资料。

1. 进出口跨境电子商务整体交易规模持续稳步增长

2016年，中国进出口跨境电子商务（含零售及B2B）整体交易规模达到6.3万亿元；2018年，中国进出口跨境电子商务整体交易规模突破了9万亿元。

可见，近年来中国进出口跨境电子商务交易规模持续稳步增长，而促进其增长的原因是，中国进出口跨境电子商务平台相继成立，彼此间的激烈竞争促进了用户体验的提升。

2. 中国跨境电子商务用户规模进一步扩大

2018年上半年，中国进口跨境电子商务交易规模高达1.03万亿元，全年达到1.9万亿元。同时，2018年中国海淘用户规模从2016年的0.41亿人激增至1.01亿人。在消费升级的情况下，个性化、高品质的消费需求凸显，海外留学、海外旅游、海外文化输入影响了新一代海淘用户。用户对高品质跨境电商的需求逐渐增加，用户规模将持续扩大。此后，中国海淘规模增速逐渐放缓。

尽管中国海淘用户规模的增速逐渐放缓，但中国跨境电子商务的用户规模还将进一步扩大，各大跨境电商平台应抓住用户红利期以取得快速发展。

3. 国内跨境电子商务零售进口平台竞争激烈

2016年，中国跨境电子商务零售进口销售额占比分布如下：第一为网易考拉海购，市场占比为21.6%；第二为天猫国际，市场占比为18.5%；第三为唯品国际，市场占比为16.3%。

国内各大跨境电子商务零售进口平台间竞争激烈，而市场销售额占比较高的平台或将抓住机会，在市场竞争中进一步扩大优势。

4. 跨境电子商务移动端用户占比不断提升

据资料显示，46.2%的中国海淘用户选择手机移动端作为主要海淘设备。其中，安装有2～3个海淘软件的手机海淘用户占48.2%，安装有4个及以上海淘软件的手机海淘用户占27.3%。

中国海淘市场竞争激烈，尚未有哪个海淘平台占据绝对优势地位。随着技术进步，移动端的购物体验将进一步得到优化，其用户占比也将继续提升，进而促进中国跨境电子商务购物的快速发展。

二、国家对跨境电子商务的政策支持

跨境电子商务带来的进出口已经成为我国外贸发展新的增长点，而政策支持是跨境电子商务高速发展的重要因素之一。目前，国家已相继出台一系列相关政策，来支持我国跨境电子商务健康快速发展。

政策一：跨境电子商务零售进口过渡期后监管保持总体稳定。

我国跨境电子商务零售进口过渡期政策到期后，于2018年1月1日起采取新的监管模式。经国务院批准，现阶段保持跨境电子商务零售进口监管模式总体稳定，对跨境电子商务零售进口商品暂时按照个人物品监管。跨境电子商务零售进口的监管模式和措施还将继续完善，对质量的监管和把控也会加强。政府已在考虑重新拟定外贸监管政策，在跨境电子商务所引发的全球贸易新趋势下要进行监管创新，仍需要时间继续推行试点，以总结经验，研究出一套更符合全球贸易发展趋势的跨境电子商务监管制度。

政策二：跨境电子商务零售进出口检验检疫信息化管理系统数据接入。

政策对跨境电子商务零售进出口检验检疫信息化管理系统涉及的经营主体（企业）、第三方平台的相关事宜进行说明，要求跨境电子商务经营主体、第三方平台向出入境检验检疫局申报及传输电子数据。数据的接入，有利于政府获得更多的数据样本，从而对跨境电子商务大数据进行分析，有助于全面掌握行业发展概况，更好地对跨境电子商务健康发展做出指导。

政策三：进一步扩大和升级信息消费，持续释放内需潜力。

部署进一步扩大和升级信息消费，充分释放内需潜力，壮大经济发展内生动力。意见提出，培育基于社交电子商务、移动电子商务及新技术驱动的新一代电子商务平台，建立、完善新型平台生态体系，积极、稳妥地推进跨境电子商务发展。在消费升级的市场环境下，消费者从以往的价格敏感转向了品质敏感。以往消费者主要关注产品的价格，随着人民生活质量的提高，消费者越来越看重商品的品质，越来越多的消费者选择在跨境进口电商平台上购买产品。

政策四：扩容跨境电子商务综合试验区。

国务院召开的常务会议决定，再选择一批基础条件好、发展潜力大的城市建设新的综合试验区，推动跨境电子商务在更大范围发展。从跨境电子商务综合试验区的扩围到鼓励建设覆盖重要国别、重点市场的海外仓等，都在利好出口跨境电子商务的发展。随着政策的持续推动，海外仓建设的不断推进，中国与海外相关国家间的国际运输日益快捷，海关进出日趋"阳光、透明"。跨境电子商务有望成为21世纪连通全球的新经贸纽带，实现沿线多边共赢。

政策五：调整部分消费品进口关税。

自2017年12月1日起，国家以暂定税率方式降低部分消费品进口关税。本次降低的消费品进口关税，范围涵盖食品、保健品、药品、日化用品、衣着鞋帽、家用设备、文化娱乐、日杂百货等各类消费品，共涉及187个8位税号，平均税率由17.3%降至7.7%。随着关税的下降，势必将有更多的国外商品进入国内，这对国内企业来讲可谓是较大挑战。在国外商品价格更加趋于或者接近中国商品的前提下，国内商品要想获得消费者的青睐，就必须提供给消费者更有价格优势、质量优势的商品。

政策六：复制、推广跨境电子商务综合试验区。

跨境电子商务的线上综合服务、线下产业园区"两平台"、信息共享、金融服务、智能物流、风险防控等监管、服务"六体系"等做法已经成熟，并且可以面向全国复制、推广，供各地借鉴参考。各地结合实际情况，深化"放管服"改革，加强制度、管理和服务创新，积极探索新经验，推动跨境电子商务健康、快速地发展，为制定跨境电子商务国际标准发挥更大作用。

政策七：2018年起新增5座城市适用跨境电子商务过渡政策。

自2018年1月1日起，我国将跨境电子商务过渡期政策使用的范围扩大至合肥、成都、大连、青岛、苏州5个城市。扩大跨境电子商务零售进口监管过渡期政策出台的一大背景是在本轮消费升级中，国内消费者购买需求不断升级，逐渐从追求爆款，转向购买个性化、差异化商品。跨境海淘已经是当下市场的普遍现象，越来越多的消费者开始选择在网易考拉、亚马逊海外购、京东全球购等跨境进口电商平台中选购海外高品质的商品。

1.4.3 跨境电子商务的发展趋势

从 2016 年至今，跨境电子商务飞速发展。随着资本的不断涌入，人工智能、AR 等新技术的应用，各平台、品牌在概念和运营上的推陈出新，跨境电子商务将步入发展前景美好而现实竞争异常激烈的阶段。

一、新技术令购物体验人性化

自 2017 年起，跨境电子商务领域开始多方面尝试并初步使用 AI（人工智能）和 AR/VR（虚拟现实）等新技术，如图 1-6 所示，以进一步提升消费者的购物体验。

图 1-6　VR 技术

在传统购物模式下，消费者大多通过产品图片或视频来了解商品信息；而 AI 和 VR 等新技术的应用，让消费者可以在虚拟的新消费场景下，如身临其境般体验想要购买的产品，获得更加人性化的购物体验。例如：eBay 网站推出的人工智能应用 Shopbot，如图 1-7 所示，可以直接和消费者对话，令网上购物过程变得具有互动性；天猫、京东等推出的虚拟试衣功能，让消费者只需站在屏幕前就能轻松查看试衣效果。

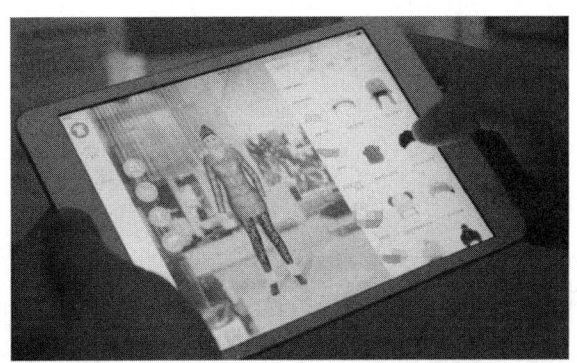

图 1-7　eBay 人工智能应用 Shopbot

新技术的应用，让跨境海淘可能不再只是单调的图片和文字信息筛选，消费者的购物体验也将变得更加丰富和人性化。

二、社交化营销策略更利于传播

根据数据调查显示，UGC（用户原创）内容对消费者购物决策的影响，比其他类型的媒体内容高 20%。一切营销的结果都依赖于传播，而在互联网时代，用户发表的某个观点，可以通过社交互动（如图 1-8 所示），在社群环境下进行二次传播，并逐渐积累形成较大影响力，其话语权和影响力可能比一支专业团队打造的营销方案更大。

图 1-8　社交 App

鉴于社交互动的巨大影响力，目前国内已有多家跨境电子商务平台开启并运用社交化营销策略。随着越来越多喜欢发声和乐于分享的年轻消费者进入跨境海淘大军，社交化营销在跨境电子商务平台营销策略中所占的比重也将不断扩大。

三、信息时代用户群体年轻化、高学历化

调研显示，在跨境海淘用户中，"80 后""90 后"人群已成为消费的主力军，且"95 后"人群消费增进明显，公司白领和在校人群占 3/5 以上。跨境电子商务用户占比如图 1-9 所示。跨境电子商务平台用户具有"高学历""女性""年轻"三个典型特征。

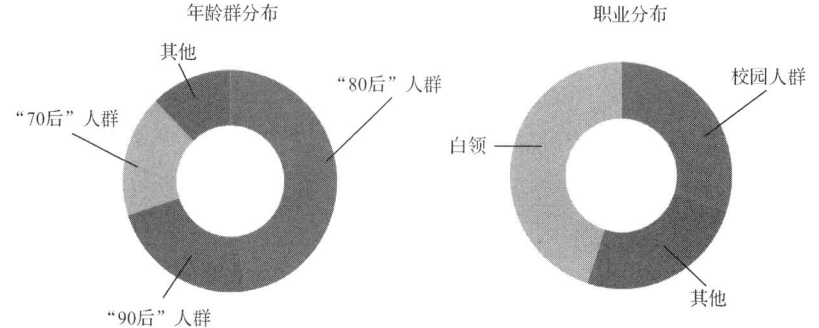

图 1-9　跨境电子商务用户占比

电子产品、智能电子和网络对"95后"影响作用较大,他们获取信息的渠道和速度使其能够快速地接受新鲜信息。如今已逐渐步入社会的"95后",已成为不容忽视的跨境消费力量。年轻一代的消费者,比起性价比,更加关注商品品质和独特性。只有抓住年轻的消费者,也就是"数字原生代"这群新而庞大的消费群体,跨境电子商务平台才可能获得持续性的成功。

四、政策优化实现物流极速化

无论是在国内的电子商务环境下,还是在跨境电子商务环境下,消费者期望自己购买的产品能够极速送达的诉求是一样的,即跨境电子商务环境下的本土化购物体验,包括快速送达、无忧退换货。极速的物流体验在跨境电子商务环境下实现难度较高,对物流(如图1-10所示)的整个运营、供应链、客服等都有非常高的要求。

图1-10　物流方式示意图

在面对不同国家政策、法律、环境上的差异时,对跨境电子商务企业来说,保证商品质量和物流速率是一个很大的考验。中国是世界上第一个推出跨境电子商务保税区这一特殊政策的国家,这一政策在一定程度上缓解了物流速度的难题。发货快、物流快、收货完好无损是消费者不变的期望和要求,跨境电子商务平台面临的挑战依然存在。

五、打破传统令品牌全球化

据阿里方面数据显示,2019年"双11"有来自75个国家和地区,超过19 000个海外品牌参与中国电商购物节的相关活动中。2019年"双11",全国网络零售交易额突破 4 000 亿元，再创历史新高。与传统的产品和贸易更加集中地针对某一特定的市场不同，在互联网大趋势下，跨境电子商务平台需要的是满足全球需求，"地球村"的概念在跨境电商领域中更加明显，如图 1-11 所示。

图 1-11　购物全球化示意图

在跨境电子商务大环境下，国内的消费者可以更加便利、充分地享受海外的品牌和服务，而国内的品牌也有更多渠道输出到世界各地。对于跨境电商平台而言，走在消费者需求前列，让品牌更加全球化，才能赢得更多的利益和优势。

本章小结

本章主要介绍了跨境电子商务行业的概况，通过学习使读者初步了解跨境电子商务的概念及特点；通过实际工作岗位说明书的范本展示，使读者了解跨境电子商务行业的岗位分类，明确不同岗位的职责与能力要求；通过跨境电子商务与传统国际贸易的对比区分，使读者理解发展跨境电子商务的意义；最后从跨境电子商务的发展历程入手，完整地分析了我国跨境电子商务的发展现状及发展趋势，从而帮助读者完成对跨境电子商务的基础认知。

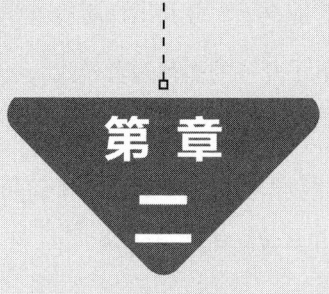

第二章

跨境电子商务的模式

随着"一带一路"倡议和全球经贸一体化的深度融合，借力互联网的发展，跨境电商加速了崛起和形式的变革。新形势下，中国消费者的跨境消费需求持续增加，同时国内电商生态链也逐步形成以出口为主、进口为辅的发展模式。不同模式的跨境电商平台竞争激烈，以大数据辅助供应链选择产品，以全球领先的营销、运营能力，搭建"网上丝绸之路"惠通全球。

知识目标

1. 了解跨境电子商务的进口、出口结构；
2. 了解进口跨境电子商务和出口跨境电商的概念；
3. 熟悉跨境电子商务的多种运营模式。

能力目标

1. 能根据统计数据对进出口跨境电子商务进行多维度分析；
2. 掌握跨境电子商务的模式划分。

2.1 进口与出口

跨境业务包括进口业务和出口业务。同样，跨境电商也包括进口跨境电商和出口跨境电商。

根据海关总署与艾瑞咨询统计数据，2016 年我国跨境电商交易额为 6.7 万亿元，其中出口交易规模达 5.5 万亿元，占比 82.08%；进口交易额达 1.2 万亿元，占比 17.92%。2017 年我国跨境电商交易额达 8.06 万亿元，其中出口交易规模为 6.3 万亿元，占比 78.20%；进口交易规模为 1.76 万亿元，占比 21.8%。2018 年中国跨境电商交易规模达 9 万亿元，进出口结构上出口占比为 78.90%，进口占比为 21.10%。从数据来看，仍呈现为出口为主、进口为辅的贸易模式，如图 2-1 所示。

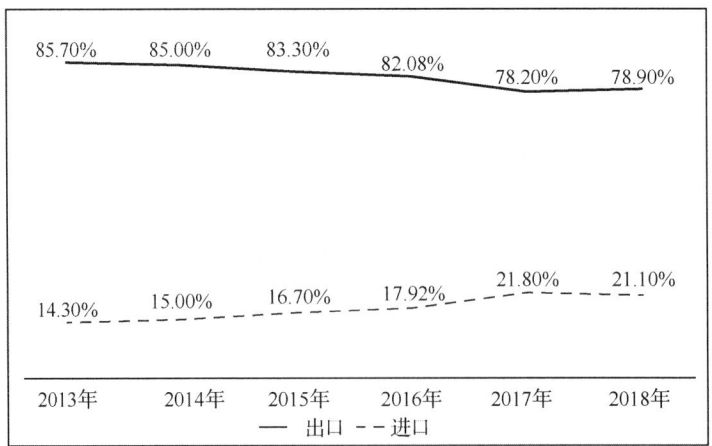

图 2-1 2013—2018 年中国跨境电商交易规模进出口结构

受传统国内贸易影响，我国制造业在成本及规模上一直具有较高优势，同时受到"一带一路"倡议及资本市场推动，目前我国跨境电商进出口结构仍以出口为主，但进口电商占比也在逐年攀升。

2.1.1 进口跨境电商

进口跨境电商，是海外卖家将商品直销给国内买家。一般是国内消费者访问境外商家的购物网站选择商品，然后下单，由境外卖家发国际快递给国内消费者。

联商资讯报告指出，2014 年是跨境电商初步发展阶段，2015 年是跨境电商初步整合和梳理阶段，随后分别建立了合理的商业模式、规范的商品流转和商品品类结构。

一、跨境电商商业模式

跨境电商（主要指进口）基本确立了三大类别的商业模式：

第一类是买手制，例如洋码头、海蜜；

第二类是平台入驻型，例如天猫国际、京东国际；

第三类是 B2C 自营，例如蜜芽、波罗蜜。

除此以外，其他的跨境电商模式都已经逐步被市场证明没有竞争力而被淘汰。

二、跨境电商商品流转模式

跨境电商的商品流转已经从 2014 年的以"直邮 + 转运"为主、保税区为辅，逐步发展成为以保税区为主、直邮为辅的模式。转运模式因为并不受国家的监管，消费者群众基础也并不稳固，所以发展力量正在日渐弱化。

三、跨境电商商品品类结构

跨境电商商品品类结构从 2014 年到 2015 年年初的单一品类爆款为主，逐步在向多品类、多爆款，甚至无爆款的阶段过渡。消费者的消费结构越来越趋向合理。

四、跨境电商行业格局

随着跨境电商的模式逐步形成，整个行业格局也逐渐清晰：

（1）体量和资金量相对巨大的平台：聚美、唯品会、网易考拉等；

（2）特色平台：蜜芽、小红书、波罗蜜、贝贝网等；

（3）入驻型：天猫国际；

（4）买家型：洋码头；

（5）混卖型：达令、云猴网等，是国内的行货、普货与跨境电商的商品混卖的大卖场电商。

预计2017—2020年，中国公有云市场仍将保持高速增长态势，到2020年市场规模将达到603.6亿元，复合增长率为37.29%。从公有云内部细分市场结构看，IaaS市场持续高速增长。同时，消费者行为也在发生变化，PayPal和国际市场研究机构Ipsos联合发布的《第三届全球跨境贸易调查报告》中称，有21%的受访消费者表示过去一年曾在中国网站进行海淘，其次是美国网站（17%）和英国网站（13%）。亚太地区成为移动端跨境网购的主力。在亚太地区，消费者平均37%的跨境购物都是通过以智能手机为主的移动设备完成的。对于西欧、东欧和北美地区的消费者，至少有15%的跨境交易是通过智能手机实现的。

2.1.2 出口跨境电商

出口跨境电商，是国内卖家将商品直销给境外的买家。一般是国外买家访问国内商家的网店，然后下单购买并完成支付，由国内的商家发国际物流至国外买家。

中国是世界上重要的产品出口大国，在出口总量相对稳定的情况下，出口跨境电商逐步取代了一般贸易。当前，出口跨境电商已成为带动我国外贸发展的重要力量。

据电子商务研究中心监测数据显示，2018年中国出口跨境电商卖家主要集中在广东、浙江和江苏三省，占全国50.5%，如图2-2所示。广东庞大的经济基础、高度集中的生产制造基地、丰富的外贸人才储备，是其成为出口电商卖家集聚地的主要因素，品类丰富及完善的产业链是其显著特征。长三角地区拥有发达的轻工业基础，产业集群效应在长三角地区表现突出。同时，中西部地区正在快速发展，出口跨境电商向中西部转移是未来的趋势。

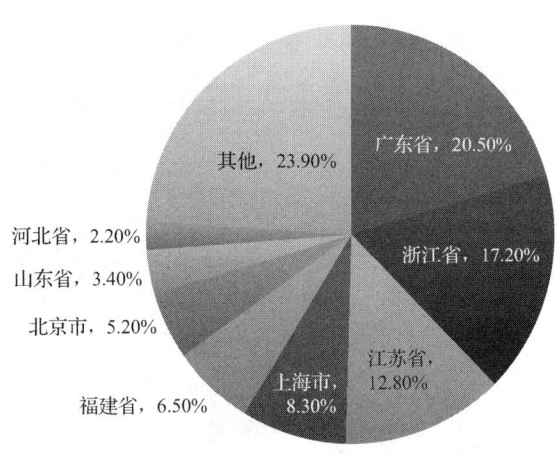

图 2-2 2018 年中国出口跨境电商卖家地域分布

2018 年中国出口跨境电商卖家品类主要集中在 3C 电子产品和纺织服装品上，如图 2-3 所示。电子产品在中国供应链优势尤其明显，为标准化产品。在供应端容易形成规模经济；重量小、价值高，物流成本占比较低，适合跨境电商销售。

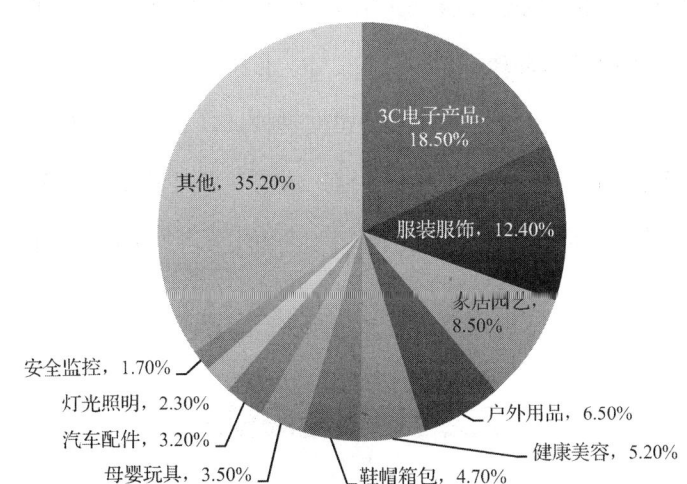

图 2-3 2018 年中国出口跨境电商卖家品类分布

出口电商面向全球 200 余个国家，70 亿消费者。既有美国、英国等发达国家，又有巴西、印度等新兴国家。2018 年我国出口跨境电商主要的出口国为欧美等成熟市场，如图 2-4 所示。新兴市场如东南亚、南美、非洲等都处于初级阶段，拉美、中东欧、中亚、中东、非洲则在快速增长。由于互联网的普及，新兴市场国家的网购习惯逐渐形成，提供了一个发展潜力巨大的跨境电商需求空间。

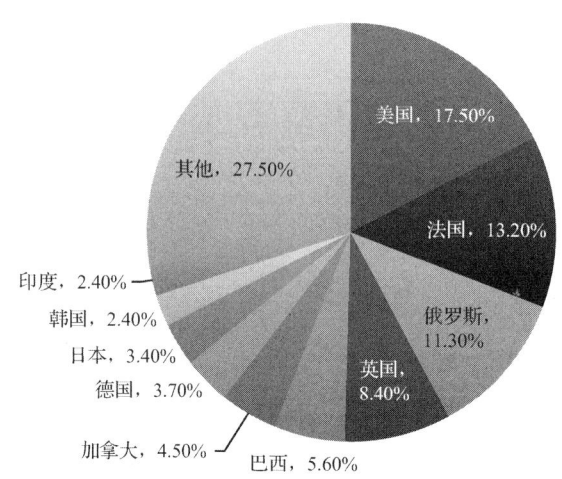

图 2-4　2018 年中国出口跨境电商国家及地区分布

从目前形势来看，平台型跨境电商市场格局基本稳定，阿里国际站、速卖通、eBay、亚马逊、Wish、Lazada 等大平台凭借着规模与先发优势，占据着较大市场规模。自营型跨境电商行业则依托于差异化产品，呈现百花齐放的趋势，细分领域龙头得到快速发展，主要代表有环球易购、兰亭集势、有棵树等。

跨境出口电商突破了传统的外贸公司交易模式，不断成长并走向成熟。随之也改变了国外进口商、消费者的贸易习惯，成为我国外贸发展不可或缺的重要因素之一。随着出口电商服务的不断完善，跨境电商从"中国制造"向"中国质造"逐步跨越。

2.2　跨境电商模式

本书以跨境电商出口模式为例进行介绍。

2.2.1　交易主体类型

一、B2B 跨境电商或平台

B2B 跨境电商或平台所面对的最终客户为企业或集团客户，向其提供企业、产品、服务等相关信息。目前，中国跨境电商市场交易规模中，B2B 跨境电商市场交易规模占总交易规模的 90% 以上。在跨境电商市场中，相对于个体消费者，企业级市场始终处于主导地位。

代表企业有敦煌网、中国制造、阿里巴巴国际站、环球资源网等。

二、B2C 跨境电商或平台

B2C 跨境电商所面对的最终客户为个人消费者，针对最终客户以网上零售的方式，将产品售卖给个人消费者。

B2C 类跨境电商平台在不同垂直类目的商品销售上也有所不同，如 FocalPrice 主营 3C 数码电子产品，兰亭集势主要销售婚纱等产品。B2C 类跨境电商市场正在逐渐发展，且在中国整体跨境电商市场交易规模中的占比不断提高。未来 B2C 类跨境电商市场将会迎来大规模增长。

代表企业有全球速卖通、亚马逊、DX、兰亭集势、米兰网、大龙网等。

三、C2C 跨境电商或平台

C2C 跨境电商所面对的最终客户为个人消费者，商家也是个人。由个人卖家发布售卖的产品和服务的信息、价格等内容，个人买方进行筛选，最终通过电商平台达成交易、进行支付结算，并通过跨境物流送达商品、完成交易。

代表企业有 Wish 等。

2.2.2 平台运营型

一、平台型

电商平台有开放型集市模式和管理型集市模式两种形式。

开放型集市模式即只提供平台服务，而不参与物流、配送和质量管控等环节。从发展情况来看，开放型集市模式最早在英美出现，并且发展很快。但是随着典型的以管理型集市模式为主的电商平台的崛起，开放型模式发展日益缓慢。全球速卖通、eBay、敦煌网等都是典型的开放型集市模式。

管理型集市模式，即电商平台虽然不持有任何商品，但是会参与货物配送、质量控制和退换货等环节的管理，以为顾客提供更加良好的服务。亚马逊、京东是典型的管理型集市模式。比如：亚马逊最大的特色是 FBA，即在全球 100 多个国家都建立了仓储运营中心。与从国内发货相比，海外仓和海外本土化服务能够更好地服务消费者，满足消费者的购物体验，从而能够极大地促进跨境电商发展。

国内大龙网尝试突破传统模式，立足发展中国家，积极发展以移动和社交商务为特色的"约商"，大力建设海外展示展销平台，把展会搬到国外去；并辅之以供应链为特色的外贸综合服务平台，外引内联，进出口相结合，发展国内国外两个市场。

由此可见，同样是平台电商，运营模式完全不同，各具特色。不同的平台形成差异化竞争和发展。

二、垂直模式

垂直电商一般指不依托第三方平台，自己构造电商体系、自建网站、自己引流，例如兰亭集势、DX 等。垂直电商的流量都是独自一手打造的，比较稳定，客户忠诚度比较高；但是缺点是引流成本高，引流技术比较复杂。

同样是垂直模式，各个电商之间又各有差异。例如兰亭集势是技术派，兰亭集势将搜索引擎优化和谷歌广告投放精准性做到极致。从 2008 年起，兰亭集势就已经开始熟练运用博客营销并已经开始尝试 Facebook；2009 年在 YouTube 上发布了公司视频和产品视频；2010 年在 Twitter 上已有数以万计的拥护者。DX 则属于实战派，采用论坛营销聚集客户，通过和论坛合作，推送网站相关产品信息、打折优惠信息等。其创始人陈灵健首创的比价功能（Price Match），后来已成为外贸 B2C 网站的标配。同时 DX 通过给 eBay 卖家做海外物流、航邮小包，也积累了几十万海外客户资源。免运费、超低价是 DX 的核心竞争力，全网意识让其继续脱颖而出。

垂直也可以理解为深耕某个行业。其优势在于专注和专业，能够提供更加符合特定人群的消费产品，满足某一领域用户的特定习惯，因此更容易取得用户信任，从而加深产品的印象和口碑传播，形成品牌和独特的品牌价值。

三、品牌电商

品牌电商是跨境电商中最有活力和吸引力的。品牌能够吸引消费者，大大降低跨境电商的营销成本，消费者对品牌的忠诚度也决定了高转化率和复购率，可以说品牌是跨境电商最有价值的资源。

目前，跨境电商品牌主要有两种形式：一种是传统品牌凭借品牌的口碑和实力开拓市场。比如，苹果是世界上最大的跨境电商品牌；国内的奥克斯品牌跨境电商能做到 40 多个亿。传统品牌由于根植于传统经济，拥有先天资源和优势，一旦接触并掌握了网络品牌运营规律，能够快速高效地向线上扩张。另外一种是新锐品牌。这些品牌具有互联网传播快、经济高效、低成本互动等特点，利用整合成熟的网络营销和网络零售技术，在以社交媒体为代表的新媒体甚至自媒体平台上，依托线上线下的二元市场，建立了一种对市场反应灵敏、以消费者为导向、以互动为特征的新型网络品牌模式。比如大众所熟知的淘品牌，就是在淘宝平台上快速成长起来的快时尚品牌。

四、泛渠道模式

泛渠道即多个渠道同时开店。比如深圳通拓科技有限公司（简称"通拓科技"）就是以"泛供应链、泛渠道"的经营方式，通过 eBay、亚马逊、速卖通、敦煌、Wish、自有网站、淘宝、京东、有赞微商城等多种渠道，把中国优质产品销往全世界。通拓科技经营的产品范围广，包括游戏配件、电脑配件、手机配件、家居、健康/美容、汽车配件、摄影器材、影音视频、激光/LED、服饰、玩具、户外等数十个品类，数十万种商品。通过利用互联网思维、模块化管理、IT 技术等多种方法，独创性地解决了多品类、多供应商、多平台、多仓库、多物流、多国家、多语言的复杂关系，利用大数据技术进行匹配组合，提供最优的个性化解决方案。

五、移动电商模式

近几年，移动电子商务快速发展，并逐渐成为主流。跨境移动端购物也随之兴起，主要是在手机端对电商平台进行运营管理和推广，比如 Wish、AllBuy、Bellabuy 等。它基于移动端且拥有独特推荐算法，市场也在不断扩展。

六、资本运作模式

该模式主要是通过资本的参与而形成的创业模式。通过资本的推动和供应链的重组，提高自身的质量和规模，从而形成一条适合公司稳固发展的产业链。但是随着跨境电商出口的整体发展趋势逐渐平稳，目前资本运作模式受到了一定的阻碍。

2.2.3 服务型

一、信息服务平台

信息服务平台主要是为境内外会员商户提供网络营销平台，传递供应商或采购商等商家的商品或服务信息，促成双方完成交易。

代表企业有阿里巴巴国际站、环球资源网、中国制造网等。

二、在线交易平台

在线交易平台不仅提供企业、产品、服务等多方面信息展示，而且可以通过平台线上完成搜索、咨询、对比下单、支付、物流、评价等全购物链环节。在线交易平台模式正逐渐成为跨境电商中的主流模式。

代表企业有敦煌网、全球速卖通、DX、FocalPrice、米兰网、大龙网等。

总之，分类是相对的，从跨境电商长期发展来看，有同质化和多元化发展的趋势。目前，除少数坚持单一模式之外，各大电商都在尝试同时开展多种方式。比如兰亭集势以完善高效的网络营销技术做支撑，形成内外贸并举，多平台（大平台和垂直平台）、多品牌（自有品牌和代理品牌）、多模式（B2B 和 B2C）、多产品线的集成电商格局。

本章小结

本章深入讲解了跨境电商进出口结构及其各自领域概况，明确分析了不同分类模式下各类跨境平台的划分和相关知识。通过本章的学习，借助第三方的最新监测数据，使读者对跨境电商的基础模式有了进一步认识，为踏上跨境电商之路打下坚实的基础。

跨境电子商务平台认知

跨境电子商务平台众多，如阿里巴巴国际站、速卖通、eBay、亚马逊、Wish、Lazada等占大部分市场份额。涉足跨境电子商务，需确定目标市场，选择适当的平台申请开通，经营店铺。

知识目标

1. 熟知时下各大平台的运营规则；

2. 了解速卖通、亚马逊、eBay 的相关运营知识；

3. 理解 Wish、Lazada 平台的基本内容和操作模式；

4. 熟悉各平台入驻的条件、申请流程、注意事项。

能力目标

1. 能够进行速卖通、阿里巴巴国际站、eBay、亚马逊、Wish 平台的入驻申请，提交验证资料，完成开店；

2. 熟练操作速卖通、阿里巴巴国际站、eBay、亚马逊、Wish 等平台的操作流程；

3. 能够借助跨境电子商务平台完成信息收集、发布、推广、商品销售及客户管理、店铺管理等工作。

3.1 速卖通

速卖通是阿里巴巴集团帮助中小企业直接与全球的个人消费者在线交易的跨境电子商务平台，集商品展示、客户下单、在线支付、跨境物流等多种功能于一体，可实现小批量、多批次快速销售，拓展利润空间。

无论是否具有外贸经验，速卖通都可以帮卖家实现 3 分钟商品上架，3 小时处理买卖信息获得订单，3 天内通过快递将商品发往全球。在买家收货、确认付款之后，卖家可立刻拿到属于自己的利润。

3.1.1 平台概述

一、现状

速卖通自 2010 年成立至今，平台高速发展，日趋成熟。目前已覆盖全球 230 个国家和地区，主要交易市场为俄罗斯、美国、西班牙、巴西、法国等国家，平台支持世界各国 18 种语言，海外成交买家数量突破 1.5 亿，22 个行业囊括全部日常消费类目，商品备受海外消费者欢迎，Aliexpress App 海外下载量超过 6 亿，入围全球应用榜单 Top 10。速卖通营销是阿里巴巴帮助中小企业接触终端批发零售商，小批量多批次快速销售，拓展利润空间而全力打造的融合订单、支付、物流于一体的外贸在线交易平台。阿里全球速卖通就是让批发商更方便地找到货源或者部分质量较高的生产厂家的货源。此平台适合体积较小，附加值较高的商品，比如首饰、数码商品、电脑硬件、手机及配件、服饰、化妆品、工艺品、体育与旅游用品等相关商品。速卖通官网首页如图 3-1 所示。

图 3-1　速卖通官网

二、行业分布

全球速卖通覆盖 3C、服装、家居、饰品等 30 个一级行业类目；其中优势行业主要有服装服饰、手机通信、鞋包、美容健康、珠宝手表、消费电子、电脑网络、家居工艺、汽车摩托车配件、灯具、体育及户外用品等。

三、适合商品

首先就要有适宜通过网络销售并且适合通过航空快递运输的商品。这些商品基本符合下面的条件：

（1）体积较小，方便以快递方式运输，降低国际物流成本；

（2）附加值较高，价值低过运费的单件商品不适合单件销售，可以打包出售，降低物流成本占比；

（3）具备独特性，在线交易业绩佳的商品需要独具特色，才能不断刺激买家购买；

（4）价格合理，在线交易价格若高于商品在当地的市场价，就无法吸引买家在线下单。

根据以上条件，适宜在全球速卖通销售的主要为上文"行业分布"所列商品。

四、禁售、限售及侵权商品

禁售的商品：毒品及相关用品，医药相关商品，枪支、军火及爆炸物，管制武器、警察用品、间谍商品，医疗器械、美容仪器及保健用品，酒类及烟草商品，等等。

限售的商品：指发布商品前需取得商品销售的前置审批、凭证经营，或授权经营等许可证明，否则不允许发布。若已取得相关合法的许可证明的，应先提供给全球速卖通平台。

侵权的商品：商标侵权，未经商标权人的许可，在商标权核定的同一或类似的商品上使用与核准注册的商标相同或相近的商标的行为，以及其他法律规定的损害商标权人合法权益的行为；著作权侵权，未经著作权人同意，又无法律上的依据，使用他人作品或行使著作权人专有权的行为，以及其他法律规定的损害著作权人合法权益的行为；专利侵权，未经专利权人许可，以生产经营为目的，实施了依法受保护的有效专利的违法行为。

五、跨国快递

在全球速卖通上有三类物流服务，分别是邮政大小包、速卖通合作物流以及商业快递，其中90%的交易使用的是邮政大小包。

中国邮政大小包的特点是费用便宜（如：500克的货物发往俄罗斯，费用为30～40元人民币），但邮政大小包时效相对较慢，且存在一定的丢包率，建议在与买家做好服务沟通的前提下使用。速卖通合作物流的特点是经济实惠、性价比高、适应国际在线零售交易，由全球速卖通分别与浙江邮政、中国邮政合作推出。四大商业快递的特点是速度快、服务好、专业、高效，但价格比较高，适用于货物价值比较高、买家要求比较高的重要物品或交易。

卖家发货时，可以根据不同的物流服务，选择在速卖通上线上发货，也可以联系各主要城市的货代公司上门收件进行发货。

六、安全性

（1）反欺诈风险模型，速卖通极为先进的专业欺诈风险模型有助于检测和预报欺诈性交易，从而避免业务受损。

（2）对数据加密技术的使用处于业界领先地位，其数据加密技术的使用比任何财务型服务公司都要广泛。

（3）保证财务信息的安全，不会向卖家透露买家的财务信息，使买家能够更加安心地从商家购物。

（4）业界标准服务，使用业界认可的地址认证服务（AVS）和卡安全代码（CSC，也称为CVV2），防止用户身份被盗用。

（5）认证体系（专利申请中），使用专有的银行账户认证方法作为额外的认证标准。

（6）反欺诈小组，反欺诈小组由全球各地2 000多名专家组成。该小组全天候工作，帮助保证交易安全并确保用户的敏感信息不被泄露。

3.1.2　盈利方式

全球速卖通平台的主要收入来源有两类。

一、会员费

速卖通会员费用为19 800元人民币/年，即目前要加入全球速卖通平台需要首先缴纳会员费。

二、交易佣金

阿里巴巴会从该平台上每笔成功交易中根据不同的支付方式收取交易总额3%～9.15%的交易佣金。此平台目前支持电汇、支付宝以及其他跨国在线支付方式。其中，若卖家采用支付宝进行交易，在优惠期内，阿里巴巴只收取3%的佣金，即收取商品总价加上运费总额的3%。

3.1.3 相关服务

一、速卖通在阿里巴巴国际化布局中的战略地位

全球速卖通是阿里巴巴旗下唯一面向全球市场的在线零售交易平台，融合订单、支付、物流于一体。其主要目的和功能是把"中国制造"通过电子商务平台直接送向全球的消费者手中，是跨境直达平台。

二、速卖通发展的"三步走战略"

速卖通的发展起步于 2010 年 4 月，目前服务网络覆盖全球 220 多个国家和地区，同时在俄罗斯、巴西、西班牙、美国等国家取得快速发展。通过重点国家的精细化运作实现速卖通的"卖全球"目标，完成交易模式的三步走战略：

第一步，中国卖家全球卖，就是目前的传统出口零售业务；

第二步，除了中国卖家外，当地卖家通过速卖通平台服务当地买家；

第三步，从货卖全球进化到货通全球，让每个在速卖通国家站的卖家都可以把货卖到全球。

三、"双 11"速卖通的战略使命

"双 11"就是速卖通全球化布局的第一步，借助"双 11"电商狂欢的机会，实现"全球卖"。

四、速卖通跨境物流的升级

速卖通背后的物流支持主要依托于阿里菜鸟平台，通过邮政物流体系搭建全面覆盖网络，同时搭配专线体系，提高时效，降低成本。

速卖通运营效率的提升也经历了一次变革，以俄罗斯的跨境物流为例：

速卖通在俄罗斯快速发展的同时，物流速度却成了障碍。为解决物流困境，速卖通通过阿里菜鸟与中国邮政合作在保证覆盖俄罗斯全境的基础上，建立了专线物流，通过速卖通电商平台大量集中货物后利用专线直运俄罗斯。目前，此专线每天一班，不需要像单个货代那样等几天才能凑齐一个专线。加上电子化清关技术的使用，大大提升了通关效率。这个线路使得俄罗斯人民的收货时效由过去的 60 ~ 90 天，缩短到了 35 天以内。

五、速卖通跨境物流效率提升策略

供应链各个环节信息打通、无缝对接，加上大数据对物流的监测，可以使得信息通畅；利用平台的聚货能力有效地集中大量订单和包裹，使得仓储和航空干线资源被更高效地利用起来；集合官方平台议价能力，替商家和消费者争取到了比较优惠的价格和高质量的服务；把社会上优质的物流资源聚合到一起，共同为买家和卖家提供服务。海关流程的打通，使得清关效率大大提高。

六、自提点

阿里菜鸟联合中国香港邮政、7-ELEVEN、Circle K，为香港地区的消费者提供超过 400 个自提点；菜鸟联合全家、7-ELEVEN，为台湾地区的消费者提供超过 3 500 个自提点；在菜鸟与新加坡邮政的战略合作下，新加坡邮政开放全境的 pop station 为新加坡消费者提供自提服务。

3.2 亚 马 逊

亚马逊（Amazon）是全球商品品种最多的网上零售商和全球第二大互联网企业，也是全球第一的 B2C 电子商务平台。随着平台的开发及物流仓储的不断发力，亚马逊已经扩展到全球 13 个站点，覆盖 65 个国家和地区。亚马逊不仅拥有成熟的平台工具，还能为卖家提供仓储物流、业务分析报告、退换货处理以及其他客户服务等专业服务，它在全世界拥有 80 个仓储基地。

3.2.1 平台概述

亚马逊是美国最大的一家网络电子商务公司，位于华盛顿州的西雅图，是网络上最早开始经营电子商务的公司之一，亚马逊网站首页如图 3-2 所示。亚马逊成立于 1995 年，一开始只经营网络的书籍销售业务，现在则扩及了范围相当广泛的其他商品，已成为全球商品品种最多的网上零售商和全球第二大互联网企业。公司名下包含 AlexaInternet、A9、Lab126 和互联网电影数据库（Internet Movie Database，IMDB）等子公司。

2004 年 8 月，亚马逊全资收购卓越网，使亚马逊全球领先的网上零售专长与卓越网深厚的中国市场经验相结合,进一步提升客户体验,并促进中国电子商务的成长。2016年,亚马逊排名全球100大最有价值品牌第8名。

亚马逊及其他销售商为客户提供数百万种独特的全新、翻新及二手商品,如图书、影视、音乐和游戏、数码下载、电子和电脑、家居园艺用品、玩具、婴幼儿用品、食品、服饰、鞋类和珠宝、健康和个人护理用品、体育及户外用品、玩具、汽车及工业商品等。

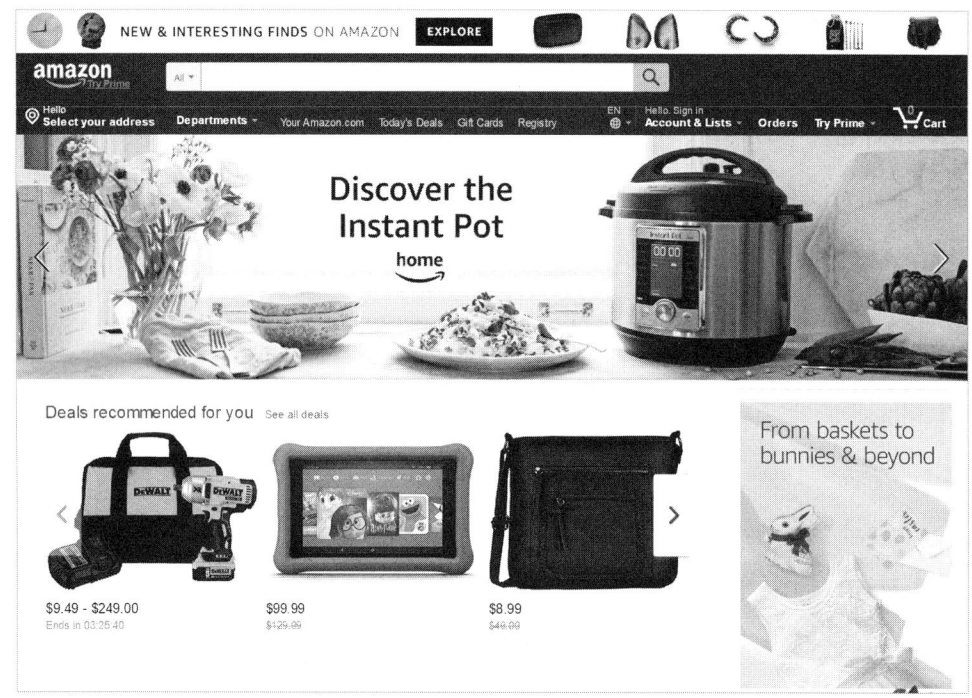

图3-2 亚马逊网站首页

3.2.2 运营特点

亚马逊平台上的运营推广策略和国内电商平台大有不同,亚马逊平台组织的促销活动,要根据商品以往的销售记录和综合评分来判断该商品是否可以入选。亚马逊有其独特的运营规则,商户了解了这些规则后在亚马逊平台上也可以做得很好。

一、Listing

亚马逊独有的Listing机制,即跟卖政策。如果A卖家创建了一个商品页,其他同款卖家看见后可以在上面增加一个按钮链接到自己的商品,如图3-3所示。

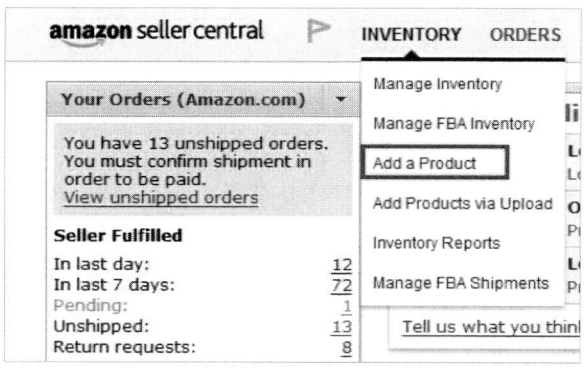

图 3-3　Listing 机制

1. 跟卖的优势

（1）不用自己制作页面，几秒钟就可以完成；

（2）商品的出价会立即出现在排名靠前的 Listing 中；

（3）跟卖大流量的 Listing 不仅可以迅速提升跟卖商品的销量，还可以带动店铺其他商品的销量。

2. 跟卖的风险

（1）容易被 Listing 所有者投诉侵权，一旦投诉成功就会被封账号；

（2）直接引发价格战，导致低利润。

3. 跟卖的建议

（1）首先要确保自己的商品和跟卖的 Listing 描述完全一致，包括商品本身、包装、卖点、功能、描述等；否则，买家收到货如发现任何与描述不一致的地方，都可以向亚马逊投诉。所跟卖的卖家也有可能对你的订单进行"Test Buy"，如发现和描述不一致，也可以向亚马逊投诉。

（2）跟卖时尽可能将商品设置为低价格，价格越低获得购物车的可能性越高。抢夺购物车的权重依次为：FBA＞价格≥信誉度。

（3）选择跟卖比较多的 Listing，如果一款商品销售好又没有人跟卖，极有可能是有品牌保护的，这时候千万不要冒着侵权的风险去跟卖。

（4）了解商品是否注册品牌，可以在网上搜索或者去商标网站查看。

（5）如果被投诉侵权要立刻取消跟卖，并积极和对方沟通了解是否真实发生了侵权行为。

4. 自建 Listing

如果卖家的商品不是标准化商品，或者是卖家独有的品牌，就需要自建 Listing。在制作 Listing 时，页面的设计和文案要吸引人。

（1）Listing 标题的写法。

① 每个单词的首字母要大写（特殊情况除外，如连词：and、or、for；冠词：the、a、an；少于 5 个字母的介词：in、on、over、with）。

② 能使用数字就使用数字而不是单词（如尽量使用 2 而不是 Two）；不要包含类似于"！、*、$、？"的符号；把一些测量值拼写出来而不是用符号代替（如表达英寸时应使用 inches，而不是符号）；不要使用中文输入法输入内容。

③ 只包含商品本身的信息，不加入营销性质的词、物流方式的词，如 Free Shipping、New Arrival、Sale、Best Seller、Great Deal、Hot Item 等。

④ 标题编写长度控制在每个特定类目的规定范围之内，标题中的单词避免拼写不规范或拼写错误。

⑤ 描述清楚商品信息，通过标题就可以让买家知道要购买的是什么商品；但不要堆砌关键词，尽量保持标题简洁，关键词放在 search term 里。但是标题中已经出现的关键词就不再重复出现在 search term 里了。关键词的每个单词之间用英文的空格隔开，同一个 SKU 的 5 个 search term 中的单词会自由组合成新的关键词。

（2）做好 Listing 保护。

如果自建了 Listing 就要做好后期的维护和保护，以免其他卖家过多地跟卖，导致客户和价格被压低从而损失利润。那么，如何保护好自己辛苦做出的 Listing 呢？

① 首先要注册自己的品牌（建议注册美国和所在地国家商标，中国商标投诉成功的概率非常小），注册品牌后到亚马逊平台备案，完成备案后会得到 GCID 码。拿到 GCID 码上传商品时，就不需要 UPC 码了，可以节省一部分费用。GCID 码并不能起到保护 Listing 的作用，作为初期没有美国商标的商家，可以先用中国商标备案，

以便获得 GCID 码以节省 UPC 码的费用。

② 商标备案，亚马逊官方的品牌申请说明 Brand Registry，可以参考亚马逊网站要求。品牌备案只需要准备网站、以网站域名为后缀的邮箱、两张带有品牌的商品图片，提交亚马逊后就可以在 48 小时内完成备案。

③ 如果有品牌的商品被别人跟卖，可以与跟卖的卖家联系要求他们撤销跟卖，或者直接向亚马逊 Seller Support 提出举报，亚马逊会警告卖家甚至关闭其账号。

二、Buy Box

Buy Box 的位置在每个商品页面的右上方，是买家浏览时最易看见的黄金位置，只要买家点击"Add to Cart"按钮就会把该位置上卖家的商品放入购物车里。在同一时间段里，只有一个卖家可以得到 Buy Box 的位置。在亚马逊平台的运营策略中，抢占 Buy Box 是一种重要方法，占据 Buy Box 就意味着会有大量的订单。

1. Buy Box 分配原理

Buy Box 是系统通过计算卖家的综合素质来决定分配给哪个卖家的，影响因素主要有以下几点。

（1）配送方式：运用 FBA 将大大增加卖家获得 Buy Box 的概率。

（2）最终价格：是卖家将商品运送给亚马逊时收取的价格（包括运费以及关税）。卖家的评级越高，就可以收取亚马逊更高的价格，同时还能保留 Buy Box 的位置。

（3）卖家评分：是卖家过去一年交易中的综合得分，越近期的交易得分在综合评分中所占的比重越大。

（4）运输时间：亚马逊对运送时间的要求很高，亚马逊判断运送时间的标准分为 0～2 天、3～7 天、8～13 天、14 天。

（5）还有其他一些因素会综合影响系统的判断。

2. 得到 Buy Box 必须满足的条件

（1）卖家拥有一个专业卖家账户。

（2）卖家需要是特色卖家。特色卖家的要求是卖家需要在亚马逊上有 2～6 个月的销售记录，拥有比较高的卖家评级、送货评级，以及订单错误率低于 1%。

（3）商品需要是全新状态。

（4）商品必须有库存。

3. 如何提升获得 Buy Box 的概率

（1）理好物流，缩短配送时间，建议选择 FBA。

（2）减少订单缺陷率，服务好每一个买家。

（3）制定有竞争力的价格。

（4）做一个优秀卖家，努力提高卖家评级。

（5）在各个变量上做优化。

（6）做好其他优化。

3.2.3 亚马逊 A-to-Z 条款

一、A-to-Z 条款内容

A-to-Z 索赔条款是为了保护买家从第三方卖家购买商品时的权益。当买家从第三方卖家购买商品时，商品和物流都在 A-to-Z 条款的保护下。在满足以下情况时，买家可以提出 A-to-Z 索赔。

（1）买家已经通过自己的账号和第三方卖家沟通过。

（2）买家已等待 2 个工作日还未得到卖家回复。

（3）以下情况满足一条，买家就可以提出 A-to-Z 索赔：

① 第三方卖家超过最长送达时间 3 天后或在下单日 30 天后，买家尚未收到商品。

② 买家收到的商品被损坏、有缺陷，或者与商品介绍有本质的区别。

③ 第三方卖家同意给买家退款但并没有退款，或退款数额有误。

注意：如果买家拒收包裹或者买家退回的包裹没有追踪号，买家的 A-to-Z 索赔不会被受理。

二、卖家如何应对 A-to-Z 条款

（1）当买家的 A-to-Z 索赔尚未被核准受理时，卖家可以采取立刻全额退款的方式解决 A-to-Z 投诉。如果卖家不同意退款，应立刻提供作为卖家的陈述资料。如果账户不支持退款，则可以请买家联系亚马逊客服协助处理。

（2）有些情况下，即使亚马逊已经核实了买家的赔偿要求，但是此调查还在进行中，所以卖家还需要继续配合提供卖家应提供的资料；否则，卖家需要承担不回应 A-to-Z 的责任。

（3）卖家需要注意，如果 7 天内不回应 A-to-Z 的通知，亚马逊就会核准买家的赔偿要求，并且会从卖家账号里直接退款给买家。

（4）若收到 A-to-Z 索赔，如果明显是卖家的责任，应该积极帮助买家解决，并退款给买家；如果是买家的责任，则可以主动向亚马逊提供证据。最重要的是关注提醒信息，不要错过时间。

3.3　eBay

eBay 是全球最大的网络交易平台之一，用户遍布全球各地，站点覆盖全球 26 个国家和地区，卖家和买家可以一起浏览、买卖商品。eBay 交易平台完全自动化，商品种类多样，从电器到家居用品再到独一无二的收藏品，按照类别为用户提供商品销售服务。商品可以以拍卖形式、一口价形式或拍卖加一口价形式进行销售。eBay 门槛低、利润高、交易简单、支付方便，是很好的跨境电子商务平台。

3.3.1　平台注册

一、eBay 卖家账户类型

根据注册地不同，卖家账户分为海外账户和国内账户，eBay 对中国卖家的限制比较多，海外账户相对于国内账户来说竞争优势比较明显。

此外，按照注册主体不同，卖家账户又可分为普通账户和企业账户。普通账户再分为个人账户和商业账户，个人和商业账户的区别在于，如果要在 eBay 欧洲站（如德国站）刊登销售，卖家账户必须为商业账户。注册企业账户可以通过 eBay 提供的绿色通道来申请。

二、eBay 的收费标准

注册 eBay 是完全免费的，并且 eBay 不设任何月租费或最低消费限额，所有费用都将取决于用户的使用情况。

在 eBay 上做生意一定要清楚 eBay 的收费标准，这样才能为商品制定合适的价格，获得目标利润。eBay 平台的手续费主要包括刊登费、成交手续费、特色功能费、店铺费和 PayPal 收款手续费五个部分。

（1）非店铺卖家在 eBay 站点刊登物品进行销售需要付一定比例的刊登费，无论物品是否售出，只要刊登就要支付该笔费用。根据所选刊登方式的不同，刊登费用也会有所区别。

（2）成交手续费是指物品成功售出后，需要按照成交价的一定比例缴付相应的费用，物品未售出则无须缴付。

（3）特色功能费是指为物品添加一些特殊功能所要缴付的费用。特色功能取决于卖家是否选择使用。

（4）店铺费是针对在 eBay 站点开设店铺的卖家来收取的店铺月租费，站点不同，店铺等级不同，收费不同。

（5）PayPal 收款手续费则单独通过 PayPal 来收取。

这些收费都是指注册完成后，选择哪个站点刊登商品的收费标准，与在哪个国家站点注册无关，选择不同的站点刊登收费标准也不同。

3.3.2 销售方式

eBay 为卖家提供了 3 种刊登商品的方式。目前，eBay 全球不同站点有不同的收费标准，"拍卖"或"一口价"的销售方式刊登费标准也不尽相同。所以，选择适合自己商品的销售刊登方式是实现低成本、高收益的第一步。

一、拍卖

拍卖，顾名思义就是通过竞拍的方式进行销售，价高者得。以"拍卖"方式刊登商品是 eBay 卖家常用的销售方式。卖家通过设定商品的起拍价及在线时间，开始拍卖商品，并以下线时的最高竞拍金额卖出，出价最高的买家即为该商品的中标者。

采取这种方式销售商品需要根据自己设定的起拍价缴纳一定比例的刊登费，此外根据商品最后的成交价格还需缴纳一定比率的成交费。

1. 拍卖方式的优势

为商品设置较低的起拍价能够很好地激起买家踊跃竞拍的兴趣,通过连番竞拍也可以为卖家带来不错的利润。

以低起拍价的方式拍卖商品,仍然是能激起买家兴趣踊跃竞拍的最好途径。而且,在搜索排序中,即将结束的拍卖商品还会在"即将结束/Ending Soonest"排序结果中获得较高排名。

2. 遇到下列情况时,可选择"拍卖方式"销售

(1) 无法确定商品确切的价值,但希望快速出售时,让 eBay 市场来决定商品的价格。

(2) 有独特和难以买到的,而且能够产生需求并引起热烈竞标的商品时,拍卖能使商品的利润最大化。

(3) 目前正在使用拍卖刊登方式,并且有着较高的成交率(商品通常在刊登之后即被买走)。

(4) 不定时销售,而且没有最近成交可提高您的商品的搜索排名,"拍卖方式"刊登能让商品有高排名的机会。

二、一口价

一口价方式就是以定价的方式来刊登物品,这种销售方式能够方便买家非常快捷地购买商品。

1. 一口价方式的优势

采取一口价的方式可以享受很多优势,具体表现在以下几点。

(1) 商品充分展现。

利用"一口价方式"销售不仅费用低,而且可设置商品的在线时间最长达 30 天,让商品得到充分展示。

(2) 一次性刊登。

商品数量较多时可采用"多数量商品刊登"方式,一次性完成全部销售刊登,操作简单、便捷。

（3）较低的成交费用。

通过"一口价"刊登商品，卖家可根据所设定的商品价格支付刊登费，商品成交后收取较低比率的成交费。

（4）议价功能。

采用一口价的销售方式，可以免费设定该商品的"议价"功能，当商品以议价金额卖出时，则成交费会按照成交金额收取。

（5）操作省时省力。

以定价方式刊登 eBay 店铺中热卖的库存商品，还可以使用预设的商品描述和商品说明，大大节省了卖家的刊登时间，也简化了卖家的刊登工序。

2. 遇到下列情况时，可选择"一口价方式"销售

（1）有多个商品，而且可以整合到一次刊登中；

（2）卖家非常清楚所售商品的价值，希望从商品上获得相应的价值；

（3）有大量库存商品，希望尽量减少刊登费，使用 30 天在线时间并尝试通过自动更新来提高效率；

（4）希望商品在线时间超过 7 天供买家购买。

3. "一口价"方式刊登商品的注意事项

（1）如果卖家刊登商品时，没有可选择的"一口价"标签，则表明该卖家尚未符合该站点以"一口价"形式销售商品的资格条件。

（2）商品刊登后，不能将"一口价"商品变更为具"一口价"功能的"拍卖"商品，反之亦然。

（3）"一口价"商品如果结束时间在 12 小时后，可编辑"一口价"价格。

三、拍卖＋一口价

所谓"拍卖＋一口价"方式综合刊登，就是卖家在销售商品时选择拍卖方式，设置最低起拍价的同时，再根据自己对商品价值的评判设置一个满意的"保底价"，也就是一口价。这种方式能够综合拍卖和一口价的所有优势，能让买家根据自身需要灵活选择购买方式，也能为卖家带来更多的商机。

遇到下列情况时，可以考虑选择"拍卖＋一口价"的方式。

（1）所销售的商品种类较多，想尽可能地吸引更多不同需求的买家。

（2）希望提升销量，扩大买家对库存商品的需求，通过"拍卖＋一口价"的方式让更多买家了解自己的店铺和其他销售商品。

3.3.3 平台规则

一、刊登规则

eBay希望卖家能持续不断地提供优质服务以提高买家的满意度。为了让买家拥有更好的购物体验，卖家在刊登物品和提供物流服务时须符合以下规则：

正确描述欲刊登的商品信息不仅可以提高成交率，也可避免卖家交易过后因商品描述不符而产生的不必要的交易纠纷，不正确的刊登描述会扰乱eBay市场交易秩序。刊登描述不当会导致违规商品被删除、账户受限，严重者账户会被冻结。在刊登商品时，卖家应特别注意以下规则。

1.选择正确的商品分类

商品必须刊登在正确的类别中，如出售商品存在多级子分类，需将商品刊登在相对应的分类中。例如：出售戒指需要刊登在"珠宝→戒指"分类中，而不能刊登在"珠宝→其他"分类中。

2.正确设置商品所在地

卖家必须在"商品所在地"栏如实填写商品寄出地点：一般情况下商品所在地需与账户信息相符，如果商品所在地在外地或其他国家，务必在刊登时选择真实的所在地（不能仅在商品描述中作声明），避免日后产生不必要的交易纠纷；需特别注意运费的设置要与商品所在地相匹配；若账户信息为中国，商品所在地为美国，商品被一个美国卖家拍下，运费价格需与美国当地运费相匹配，而不能设置为中国到美国的运费。

3.使用符合eBay标准的链接

在eBay刊登商品时，可以在商品描述中使用一些链接来帮助促销商品。但是，有些类型的链接是不允许的。例如，不能链接到个人或商业网站。应特别注意，本链接政策适用于一切可以将用户引导到 eBay 之外的文字或图片（如照片、商标或图标），任何链接均不能指向 eBay 以外含商品销售信息的页面。

4. 商品图片标准

高品质的图片能给买家提供更好的购物体验，使商品更容易售出，因此 eBay 对商品图片刊登有一套详细的标准。

（1）所有商品刊登必须至少包含一张图片；

（2）图片的最长边不得低于 500 像素（建议高于 800 像素）；

（3）图片不得包含任何边框、文字或插图；

（4）二手商品刊登不得使用 eBay catalog 图片；

（5）请务必尊重知识产权，不得盗用他人的图片及描述（详情参见知识产权部分）。

5. 预售刊登必须符合规则

预售刊登是指卖方刊登那些他们在刊登时未拥有的商品。此类刊登的商品，通常在对大众的交货日期前就已预先出售。

（1）卖方需保证自商品购买之日（即刊登结束之日或从 eBay 店面购买刊登商品之日）起 30 天之内可以送货，eBay 允许其有限制地刊登预售商品。

（2）在 eBay 刊登（预售）商品的卖方，必须在刊登时表明：

该商品为预售商品，并说明交货日期，保证商品在刊登结束之日起 30 天内送出。

此外，这些文字必须（至少）用 3 号 HTML 字体。对于未注明这些资讯的预售商品，eBay 都会结束其刊登。

（3）应特别注意，当三星、苹果公司推出热门大众消费新品时，eBay 会制定相对应的独立预售政策。如果卖家打算出售此类物品，应及时查看 eBay 官网的公告。

6. 符合 HTML 和 JavaScript 编码规则

eBay 禁止会员在刊登商品时使用特定类型的 HTML、JavaScript 编码文字功能。违反此刊登规则会导致在线商品被删除，多次违规会导致账户受限，严重者账户将被冻结。建议用户在刊登商品前先咨询刊登商品平台客服,以避免不必要的违规。

二、违规行为

卖家在 eBay 上的所有行为应严格遵守国家相关法律、国际贸易规则及 eBay 各相关站点规则,尊重知识产权,对于任何违规行为 eBay 将会采取相应措施,违规商品可能会被全部删除,销售活动也可能受到限制,严重时可导致账户冻结,甚至诉诸法律。以下(但不限于)为 eBay 严格禁止的主要违规行为:

1. 知识产权违规

eBay 致力于保护第三方知识产权,并为会员提供安全的交易场所。非法使用他人的知识产权是违法并违反 eBay 政策的,如未经授权而使用有版权的资料和商标或销售赝品。

(1)复制品、赝品和未经授权的复制品政策。

能在 eBay 上进行刊登的含有公司名称、商标、品牌的物品,必须是由本公司自行生产制造的官方正品。eBay 绝不允许任何伪造物品、赝品、复制品,或未经授权的复制版本出售。未经授权的版本复制包括备份、私售、复制、盗版等均是违法的,会侵害其他人的知识产权或商标。

(2)刊登商品时描述商品的规则。

在卖家对所售商品进行描述时,以下行为涉及侵犯第三方知识产权:

① 未经授权而使用来自其他 eBay 用户的物品描述或图片;

② 未经授权而使用来自厂商或其他互联网的图片;

③ 不当使用 eBay 所有的知识产权,包括使用 eBay 名称、图标,或链接到 eBay 网站的链接;

④ 在刊登信息中包含"真品免责声明",或者拒绝对刊登的商品负责;

⑤ 怂恿或促使他人侵犯第三方版权、商标或其他知识产权;

⑥ eBay 用户不能使用他人创建的文字或图片内容,包括照片及其他图片,除非得到拥有文字及图片所有者、代理或相关法律的授权。

2. 刊登违规

正确地刊登描述商品信息不仅可以提高商品的搜索效率，还可以避免卖家交易后因描述与实物不符而产生不必要的交易纠纷。不正确的刊登描述会严重扰乱 eBay 市场交易秩序。商品刊登中常见的违规类型有以下几种情况：

（1）禁止重复刊登。

重复刊登会影响买家的购物体验以及 eBay 的市场秩序，因此 eBay 规定，以下类型的商品刊登，如果刊登的是相同的商品，即使刊登形式或内容描述不同，也将被视为重复刊登：

① 以拍卖形式刊登相同的商品，它们仅仅是结束时间、起拍价格或底价不同；

② 相同的商品，分别以带有一口价选项的拍卖形式和不带一口价选项的拍卖形式来刊登；

③ 以一口价形式和带一口价选项的拍卖形式刊登相同的商品。

④ 卖家不能在 eBay 各站点同时为同样的商品创建超过一条的一口价商品刊登。

⑤ 卖家通常也不能够在 eBay 各站点创建重复的拍卖商品刊登。只有那些以拍卖方式刊登会有较好的销售表现的商品，并且几乎能 100% 售出的商品才能重复刊登。如果不能确定自己的商品是否有很大的售出概率，一次只应创建一条商品刊登。eBay 将酌情删除重复的拍卖商品刊登。

为了避免重复刊登，eBay 建议用户：

① 在刊登时，确保在商品的标题、价格、照片、副标题、物品 ID、物品属性或兼容性部分展示出它们的不同；

② 刊登相同商品的最好办法是使用多数量一口价的刊登方式；

③ 刊登多属性商品（如不同尺码和颜色），最好的方法是使用多属性一口价的方式刊登；

④ 刊登适用多种车辆商品的最好方法是创建零件兼容性商品刊登，但不要在标题里显示兼容车辆。

(2)禁止操纵搜索及滥用关键字。

"滥用关键字"指卖家为吸引买家注意或将其注意力转移到某件刊登商品上,在商品名称或商品描述中放上各种品牌名称或其他不恰当的关键字。eBay 禁止在刊登商品时滥用关键字,卖家在刊登商品中设置的文字内容必须与所售商品直接相关。

为了避免操纵搜索及滥用关键字,在刊登商品设置关键字时不得罗列词语、不得滥用品牌名称、不得恶意隐藏 HTML 文本,不得利用商品兼容性滥设关键词,不得包含下拉框,不得将赠品相关关键词放入商品关键词,不得在商品名称中将商品与其他物品进行比较。

(3)禁止收取额外费用。

当买家选择使用一般付款方式(包括使用支票、汇票、电汇)付款时,卖家不得向买家收取额外费用。这类费用应并入商品的价格中。

禁止的行为:向选择以支票付款的卖家收取一笔额外费用。

符合规定的行为:卖家可以在商品成交价之外另外收取一笔合理的"运费和包装费",以补偿自己在邮寄、包装和处理商品时的合理支出。然而,卖家不得将"运费和包装费"指定为成交价格的某个百分比。

注意:部分国家的 eBay 网站允许卖家收取某些特定附加费。

(4)禁止规避 eBay 费用。

为维护 eBay 公平的交易秩序,建立更安全的交易环境,eBay 严禁通过以下方式规避 eBay 费用:

① eBay 不允许用户进行及怂恿他人进行在 eBay 以外的私下交易,私下交易不适用 eBay 的各项服务及保护。

② eBay 不允许卖家刊登 1 件商品,但可以在商品说明中出现除刊登商品外的其他商品出售信息。如果想以整批商品方式向同一买家出售多件商品,可使用拍卖或一口价形式,只需在"商品说明"中指明是整批商品出售即可。

③ eBay 政策禁止用户滥用弃标处理程序,卖家不得为买家事实上已经付款的交易申请"成交费退款"。

3. 交易行为规范

（1）严禁卖家成交不卖。

当卖家刊登在 eBay 上的商品有买家成功竞标，买卖双方相当于签订了交易合同，双方必须在诚信的基础上完成交易。根据这一合约，卖家不可以当网上成功竞标后拒绝实际成交，或者收到货款不发货。

如果卖家因为商品本身的原因无法完成交易（如损坏），卖家需及时与买方沟通，解释说明并提供解决方案，以获得买家的理解与谅解。虽然在这种情况下，eBay 鼓励买家与卖家进行沟通，获取新的解决方案，但买家不是一定要接受卖家的新建议。所以，卖家在刊登商品时务必熟知商品库存，在收到款项后应及时发货，避免违反此政策。

（2）禁止卖家自我抬价。

"自我抬价"是指人为抬高商品价格，以提高商品价格或增大需求为目的的出价行为。也就是卖家在竞拍的过程中，通过注册或操纵其他用户名虚假出价，或者是由卖家本人或与卖家有关联的人所进行，从而达到抬高价格的目的。

自我抬价以不公平的手段来提高商品价格，会造成买家不信任出价系统，为 eBay 全球网络交易带来负面影响。此外，这种行为在全球很多地方都是被法律所禁止的，为确保 eBay 全球交易的公平公正，eBay 禁止抬价。

如果发现有会员利用假出价动作，提高价格或热门程度，用户可以向 eBay 检举。

4. 用户沟通规则

（1）禁止使用不雅言辞。

eBay 绝不允许网站的公共区域内有任何不雅或粗俗的语言出现，包括种族歧视、仇恨、色情或具有淫秽含义的语言。这项政策适用于网站上会员可查阅的所有区域，包括商品页、"我的档案"页、"eBay 商店"页、讨论区、聊天室或其他任何公共区域。

如果别人给出的信用评价意见中含有不雅言辞，卖家可以参照"信用评价移除政策"，依规定提出移除信用评价申请。

（2）禁止未经允许的滥发电邮（垃圾邮件）。

eBay 禁止滥发垃圾邮件。垃圾邮件是指未经要求且具广告性质的电子邮件。

请特别注意：

禁止发送提议在 eBay 以外进行私下交易的电子邮件。这种性质的提议对买卖双方都具有潜在的诈骗风险，而且构成规避 eBay 收费的违规行为。

警惕假冒 eBay 的电子邮件和网站。eBay 绝不会在电子邮件中要求通过邮件中的链接及功能，提供个人资料。

垃圾邮件不包括 eBay 意见调查、推广活动信息或其他电子邮件和非滥发性质的电子邮件（包括令人反感或不受欢迎的电子邮件）。

如果收到其他 eBay 会员寄发的垃圾邮件，可以立即检举。为方便调查垃圾邮件的检举案件，用户应附上所收到的完整邮件，并且包括该信件的完整标题。

（3）禁止滥用 eBay 联系功能。

eBay 提供了一套联络系统，让会员在有问题时可以彼此联络。联络系统包括"联络会员""询问卖家问题"等功能。这些功能的目的是为会员提供公开的沟通途径，所以必须是为了协助交易顺利进行才可以通过这个系统传送信息，该系统不能作为宣传及广告等私人用途。

互相沟通的过程是会员在 eBay 交易时非常重要的体验。为了让会员们能够有更好的交易体验，除了提供联络渠道之外，eBay 也希望借着政策规范，避免会员滥用，以保护会员的权益。

若发现有会员滥用联络功能，可以通过电邮中的"检举滥用"链接，立即向 eBay 检举。

3.4 阿里巴巴国际站

3.4.1 平台概述

一、阿里国际站简介

阿里巴巴国际站是阿里巴巴集团最早创立的业务，帮助中小企业拓展国际贸易和出口营销推广,是目前全球领先的跨境 B2B 电子商务平台,服务全世界数以千万计的采购商和供应商。阿里巴巴国际站专注服务于全球中小微企业,在这个平台上,买卖双方可以在线高效地找到适合的对象,并更快、更安心地达成交易。此外,阿里巴巴外贸综合服务平台提供的一站式通关、退税、物流等服务,让外贸企业在出口流通环节变得更加便利和顺畅。

企业基于全球领先的电子商务网站阿里巴巴国际站贸易平台,通过向海外买家展示、推广供应商的企业和商品,进而获得贸易商机和订单。阿里巴巴国际站是出口企业拓展国际贸易的首选网络平台。阿里巴巴国际站首页如图 3-4 所示。

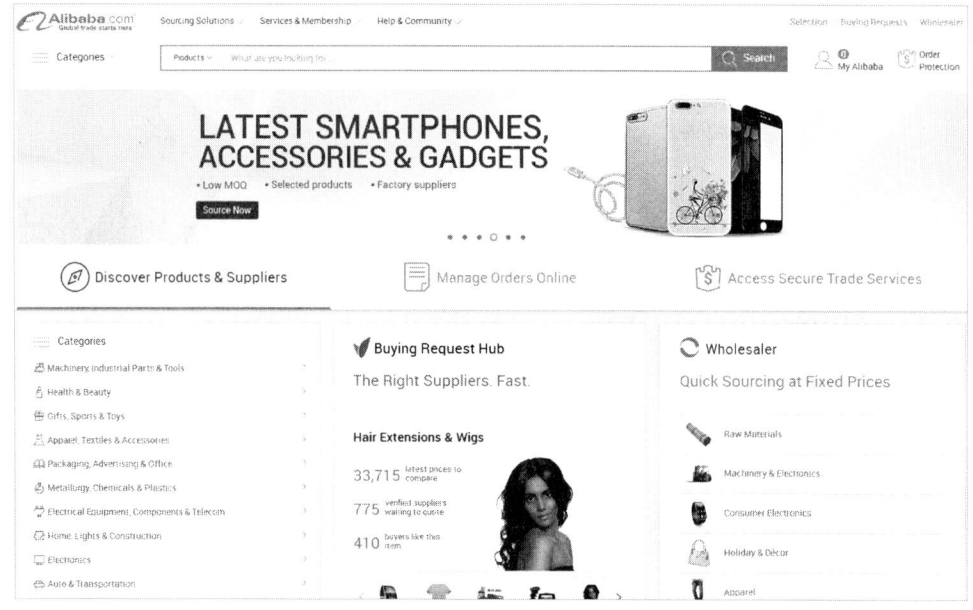

图 3-4 阿里巴巴国际站首页

"阿里巴巴国际站"提供一站式的店铺装修、商品展示、营销推广、生意洽谈及店铺管理等全系列线上服务和工具,帮助企业降低成本、高效率地开拓外贸市场。

二、阿里国际站的特点

办理中国供应商出口通会员后就可以在阿里巴巴国际站上开店,发布商品信息,联系境外买家并报价。企业可以在国际站上建立企业网站,发布商品,向境外买家报价;可以拥有 10 个橱窗商品;还可以享受数据管家、视频上传和企业邮箱等服务。

除了为卖家提供出口通基础服务外,阿里巴巴国际站还推出采购直达、一达通、信用保障服务等特色服务。

1. 采购直达

采购直达是指买家主动填写采购信息,委托阿里巴巴平台寻找合适卖家,供应商可查看采购需求,根据买家要求及时报价。

在这个公开的大市场中,买家会主动发布采购需求,供应商可以自主挑选合适的买家进行报价。采购直达服务能够在大幅度提升买家采购效率的同时,帮助供应商更好地完成订单转化,并赢取更多高质量买家。供应商可以通过频道搜索、自主定制、系统推荐等形式获得采购需求。

为了让买卖双方达到共赢,采购直达市场规则进行了以下变革:

(1)收紧报价权限:根据市场供需情况及供应商历史报价数据来分配给每家供应商合理的报价权限,避免大量报价权限被浪费或者滥用。

(2)先占位后报价:供应商点击"Quote Now"即成功占位,不需要匆忙提交去抢占席位,给供应商充分的时间填写报价内容,以保证报价质量。

(3)按公司享有一定数量的报价权限:所有主、子账号均可以报价,但使用的是该公司的报价额度。比如一家公司每天有10条报价额度,一个子账号报了2条,那其他子账号还可以报8条(如果报价审核未通过,不占用名额,和原有规则一致)。

(4)取消报价直达和人气供应商,取而代之以更为完善的等级制度。等级分为4级,在一定报价量的基础上,报价质量越高,等级就越高,从而得到的报价权限及其他特权就越多。

2. 一达通

阿里巴巴一达通为外贸企业提供专业、快捷、低成本的通关、外汇、退税及配套的物流、金融服务,以电子商务的手段,解决外贸企业流通环节的服务难题。一达通具有如下优势:

(1)快速退税。最快3个工作日将垫付退税款汇至企业的账户。

(2)自助操作平台。最快5分钟下单,3分钟转款,何时操作由企业掌控。

(3)数据沉淀。出口订单数据将不断累积、沉淀，成为企业在 Alibaba.com 上最具说服力的证明。

(4)外贸服务补贴。出口 1 美元最高补贴人民币 3 分。

3. 信用保障服务

信用保障服务是阿里巴巴根据每个供应商在国际站上的基本信息和贸易交易额等其他信息，综合评定并给予一定的信用保障额度，用于帮助供应商向买家提供跨境贸易安全保障的一种服务。

卖家可以通过登录"my alibaba 后台"—"交易与物流"—"所有订单"，单击"起草信用保障订单"起草一达通出口服务订单，供应商需完成一达通的开票人预审及商品预审才能获得及展示该保障额度。同时交易完成后买家的评价可以展示在网站上，成为供应商企业信用和实力的证明，让供应商与买家更快达成互信，获得更多商机。

信用保障服务的主要优势有以下几点：

(1)彰显信用。独特专属标识及保障额度全网彰显，让信用看得见。

(2)促进交易。阿里巴巴帮助卖家向买家提供跨境贸易安全保障，帮助卖家更快达成交易。

(3)信用累积。保障额度和买家评价不断累积沉淀，向买家彰显实力，赢得更多订单。

阿里巴巴国际站卖家会员是收费办理的，费用按年收取。费用由基础服务费和增值服务费组成，具体由客户经理根据卖家想要的推广效果制定合适的方案。其中基础服务费为出口通基础服务，按年收取；增值服务费主要来自金品诚企、一达通、网商贷、培训之家以及海运综合服务平台增值服务等。

三、阿里巴巴国际站优势分析

(1)知名度高。阿里巴巴在世界企业 B2B 电子商务领域享有盛誉，号称全球最大的商务交流社区和网上交易市场；是国内三大主流 B2B 外贸平台上升势头最快的一个，也是饱受争议的一个；服务对象主要是国内中小型企业，近年也在往大型集团客户方向发展，其在国内的广告宣传力度很大。另外，淘宝、诚信通（内贸）网站间的相互支撑也不断扩大阿里巴巴国际站的名气。

（2）功能较完善。阿里巴巴帮助会员找买家、供应商、合作伙伴以及进行在线的销售和采购；提供最新的宏观行业信息和微观信息，如产品库、公司库以及供应、求购、代理、合作、投资融资、招聘等信息，以帮助客户找到有用的商业资讯，做出正确的决策；为企业产品树立品牌；为客户提供即时交流工具等。

（3）优质的客户服务和销售服务系统。会员培训系统非常成熟，有线下培训和网络培训两种，帮助企业更好地开展对外贸易。

（4）轻工产品有优势。平台较偏向于轻工产品的推广。

（5）综合资源能力强。阿里巴巴称未来的发展方向有两个：第一，成为电子商务生态链，提供电子商务的一切服务和产品；第二，成为类似于"水""电"这样融入千家万户的电子商务服务供应商。中小企业选择阿里巴巴对企业成长性会有很大帮助。

（6）小额平台发展潜力巨大。阿里巴巴转型之作"速卖通"，将成为电子商务发展的一个重要方向。

3.4.2 盈利方式

阿里巴巴国际站的盈利方式主要有以下几种。

1. 会员费

企业通过阿里巴巴国际站参与电子商务交易，必须注册成为会员，每年要交纳一定的会员费才能享受网站提供的各种服务。目前会员费是阿里巴巴国际站最主要的收入来源。

2. 广告费

网络广告是门户网站的主要盈利来源，也是阿里巴巴国际站的主要收入来源之一。

3. 竞价排名

企业为了促进产品的销售，都希望在B2B网站的信息搜索中将自己的排名提前，而网站在确保信息准确的基础上，根据会员交费的不同对排名顺序作相应的调整。

4. 增值服务

阿里巴巴国际站除了为企业提供贸易供求信息以外,还会提供一些独特的增值服务,包括企业认证、独立域名、行业数据分析报告、搜索引擎优化等。

5. 线下服务

阿里巴巴国际站的线下服务主要包括展会、期刊、研讨会等。通过展会,供应商和采购商可以面对面地进行交流,中小企业一般比较青睐这种方式。期刊主要是关于行业资讯等信息,期刊里也可以植入广告。

6. 商务合作

商务合作包括广告联盟,政府、行业协会合作,传统媒体的合作等。广告联盟通常是网络广告联盟,联盟营销还处于萌芽阶段,阿里巴巴国际站对于联盟营销还有很大的发展空间。

7. 按询盘付费

区别于传统的会员包年付费模式,按询盘付费模式是指从事国际贸易的企业不是按照时间来付费,而是按照海外推广带来的实际效果,也就是海外买家实际的有效询盘来付费。其中,询盘是否有效,主动权在消费者手中,由消费者自行判断,决定是否消费。B2B 市场尽管发展势头良好,但还是存在发育不成熟的一面。这种不成熟表现在 B2B 交易的许多先天性交易优势,比如在线价格协商和在线协作等还没有充分发挥出来。因此传统的按年收费模式,越来越受到以 ECVV 为代表的按询盘付费平台的冲击。"按询盘付费"有四大特点:零首付、零风险;主动权、消费权;免费推、针对广;及时付、便利大。广大企业不用冒着"投入几万或十几万,一年都收不回成本"的风险,零投入就可享受免费全球推广,成功获得有效询盘后,确认询盘的真实性和有效性,只需在线支付单条询盘价格,就可以获得与海外买家直接谈判成交的机会,主动权完全掌握在供应商手里。

3.4.3 相关服务

1. 免费会员

限制性申请:如公司在中国(不含港、澳、台地区),只有加入中国供应商才能使用卖家的功能。国际免费会员能采购商品，还可以在国际站发布供应信息进行商品销售。

2. 全球供应商会员

全球供应商会员是指中国（不包含港、澳、台地区）以外的付费卖家会员，可以在国际站采购商品，同时可以发布商品信息进行销售，还可以在国际站上继续搜索商品或者供应商的信息。国际站后台管理系统提供英语、简体中文和繁体中文三种语言服务。

3. 中国供应商会员

中国供应商会员一般是指中国（含港、澳、台地区）的收费会员，这一部分会员是阿里巴巴国际站的主要付费会员，主要依托国际站寻找海外买家，从事出口贸易。阿里巴巴国际站具有非常强大的后台管理功能，会员可以进行商品管理以及店铺装修等操作。对于卖家来说不仅可以通过商品信息，也可以通过公司吸引买家，促成最后的交易。同时中国供应商也可以在网站上发布采购信息进行原材料的采购操作。

中国供应商会员有以下专享服务：

（1）拥有专业的二级域名网页；

（2）拥有强大的后台管理系统；

（3）可以与所有买家直接联系；

（4）信息排名游戏；

（5）不限量商品发布；

（6）多账号外贸邮；

（7）买家IP定位；

（8）视频自主上传；

（9）数据管家；

（10）橱窗商品；

（11）其他服务，包括在线推广、客户培训、海外展会、售后服务等。

本章小结

通过本章的学习，让读者对跨境电子商务平台有了全面的认知。了解 B2C 平台速卖通、亚马逊、eBay 和 B2B 阿里巴巴国际站的概况、优劣势以及提供的服务；分析跨境电子商务平台的特点和运营模式，帮助读者根据自身情况和商品的特点，更好地选择合适的跨境电子商务平台进行国际贸易。

第四章

跨境电子商务营销

与传统的交易方式相比,电子商务是一种无边界交易,所以依附于网络而生的跨境电子商务具有全球性和非中心化的特性。对跨境电子商务来说营销是至关重要的一步。其营销方式的选择和运用,关系到跨境电子商务持续健康发展,以及跨境电子商务的服务体系和营销环境的构建。

知识目标

1. 熟知主要的营销方法和原理；

2. 了解店铺自主营销的方式；

3. 了解平台营销活动的参与方式；

4. 了解搜索引擎营销的营销模式。

能力目标

1. 能够进行多种平台内营销活动设置和跟进管理，包括店铺自主营销、平台活动、直通车等营销活动；

2. 可以使用站外营销工具主动挖掘新客户，包含社交媒体和搜索引擎的营销操作；

3. 能够进行电子邮件营销。

4.1 店铺自主营销

店铺自主营销是店铺流量主要来源之一。在店铺具体情况下创建促销活动，是吸引流量、提高客单价、促进转化的重要方法。接下来就常见的跨境电子商务平台的店铺自主营销活动做详细讲解。

4.1.1 阿里巴巴国际站

阿里巴巴国际站是阿里巴巴集团较早创立的业务，是目前全球领先的跨境 B2B 电子商务平台之一。阿里巴巴国际站的自主营销方式主要有优惠券设置和无线端实时营销两种。

一、在线批发优惠券活动

优惠券具有推广引流的作用。买家可以从多个渠道发现并获取优惠券，在获取优惠券后，通过优惠券的金额减免提高买家的购买意愿，同时也为卖家多提供了一种自营销渠道。卖家可以通过设置优惠券的领取时间和使用时间，为自己网店引流蓄势、锁定成交，最终促进买家消费提高网店的订单转化率。

优惠券面值固定，且不能重复。优惠券最多可设置8种不同面值,对应值分别为5、

10、20、50、100、200、500 和 1 000 美元，而且每种面值的优惠券总金额不能超过 5 万美元。卖家可以自定义设置优惠券使用门槛，但不能低于系统提示的最低要求。

卖家自营销优惠券活动不能与平台的营销活动时间有任何重合。商家在设定自营销优惠券活动时，需及时关注平台的营销活动时间，避免届时无法参加平台营销活动。

二、无线端实时营销

实时营销是一种卖家主动向买家进行营销推广的方式。系统会根据买家的意向推荐给不同的卖家，卖家通过千牛消息的方式对买家进行营销。实时营销对供应商的要求如下：

（1）30 天内及时回复率大于或等于 50%；

（2）平均回复时间小于 72 小时。

需要注意的是，以上两个条件同时满足时系统才会推荐买家；当满足以上两个条件后，如系统没有匹配到合适的买家则不会向卖家推荐，此时卖家需要耐心等待。

4.1.2 速卖通

速卖通是阿里巴巴旗下的在线批发 B2C 平台。对于中小商家来说，速卖通是踏入跨境电子商务领域的首选。营销是给店铺带来流量及订单的重要因素之一，为了促进运营店铺发展，速卖通平台提供了多种自主营销方式。

一、限时限量折扣

限时限量折扣由三个板块构成：活动名称、开始时间和结束时间，这三个板块需要卖家自行填写。活动名称需简单明了，比如营销工具推新款商品，活动名称可以直接写"推新款"；若打造活动款，活动名称可以直接写"打造活动款"等。需要注意的是，平台活动的时间均为太平洋时间，开始和结束时间可以根据活动目的来设置。在正常情况下，设置一个星期左右为宜，能给客户增加紧迫感，而且便于下一阶段的编辑和营销。如果是库存商品的清理活动，活动时间可以设置得长一些。

商家在限时限量折扣活动设置前期需要做好充足准备，提前定位好商品的价格。

活动中的商品需要给客户真实的优惠，以防丢失新老客户的信任度。在活动设置过程中可以把所有做好的商品放进同一个分组，以便后续营销活动使用。

在设置限时限量折扣时，需要注意以下四点：

（1）如果商品存在多个 SKU，则此商品下所有 SKU 的商品普通库存量非零且商品为"正在销售"状态下的，均会参与到活动之中。

（2）目前全站活动和手机专享活动不支持独立库存，卖家应恰当设置活动折扣率以避免预期外的损失。

（3）同一商品必须先设置全站折扣后才能设置手机专享折扣。此手机折扣率可不设置，手机端价格会根据"全站折扣率"来售卖；若进行设置，则设置的手机专享折扣需要低于全站折扣。

（4）促销价必须低于 90 天均价。90 天均价是指根据商品当天往前推的 90 天内，按照现售价规则（现售价是指目前展示在网站上买家可直接下单购买的价格）计算的平均值。所以，平时的促销价格不要过低，否则该商品的 90 天均价会越来越低，不利于日后的促销活动和利润控制。

二、全店铺打折

全店铺打折是店铺自主营销最重要的营销活动，尤其对于新店铺来说，作用更为明显，能快速提高店铺的销量和信用，提高店铺的综合曝光率。

在进行全店铺打折活动前，有三点需要注意：

（1）全店铺打折均为太平洋时间，创建 48 小时后活动开始。

（2）在进行全店铺打折活动之前，卖家必须对所有商品的成本价、折扣价、利润等进行整体把控，这样才能更好地设置全店铺打折活动。

（3）注意设置时间，当活动处于等待展示阶段时，将无法再进行修改，所以需提前做好计划再操作全店铺打折活动。

三、店铺满立减

在推出满立减活动之前，首先要明确店铺的客单价，这样才能充分利用好营销工具。卖家在进行客单价设置时，可以用店铺后台给予的客单价作为参考值。另外，一个比较直接判断客单价的方法是，找出近一个月时间内，经常出单的商品中销售额最大的商品价格进行计算。当然，这个方法只适用于店铺的整体客单价相差不大的情况。满立减活动受到数量和时间的限制。

（1）活动名称需要一目了然，但是店铺前台不展示活动名称，只是为了方便供应商进行商品设置时易于区分。对于活动开始和结束时间的设置，有以下三点需要注意：第一，满立减活动的开始和结束时间的选择范围只能在同一个月内；第二，由于系统同步需要一定时间，所以至少应提前 24 小时创建活动；第三，满立减活动时长尽量设置为一个月的时间，活动数量可以设置 10 个，总时长 720 个小时。所以卖家在当月月初就要规划好整个月的满立减活动。

（2）优惠条件和优惠内容的设置。设置满立减的目的是提高客单价，所以设置的优惠条件也要以提高客单价为目的。

（3）借助满立减营销工具服务好客户。例如，买家下了一个 29 美元的订单，而供应商的满立减活动是满 30 美元减去 3 美元，这时若给买家进行满减温馨提醒，会激发买家的购买欲望，买家会感受到店铺活动的人性化。

四、店铺优惠券

设置优惠券和满立减活动一样，也是为了提高店铺的客单价。但是它又和满立减有一定差异，满立减活动需要在一定的订单金额范围内设置满减金额，比如满立减 50 美元以上的商品，最少要购买 50 美元商品才能享受优惠。而优惠券不一样，它对于卖家来说是比较灵活的，可以设置小金额的优惠券，比如 2 美元、3 美元、4 美元等。优惠券可以增加二次营销的机会。供应商把优惠券发放给买家后，买家在进行购买时会优先选择可以使用优惠券的商品，这就达到了二次营销的目的。

店铺优惠券分为两种：领取型优惠券和定向发放型优惠券。优惠券和满立减一样，也有数量限制，领取型优惠券每月只有 10 个活动，定向发放型优惠券每月只可创建 20 个活动，这就需要供应商在月初时仔细规划，合理利用平台资源。

4.1.3 亚马逊

一、亚马逊 Vouchers（亚马逊优惠券）

在亚马逊平台中，卖家可以提供固定英镑价值的折扣或百分比折扣的优惠券，也可以针对特定的顾客群体提供优惠券。优惠券设置完成之后，会在网站的多个地方进行展示，主要展示在商品详细信息页面和搜索结果中，还有交易页面和特定的亚马逊 Vouchers 登录页面上，如图 4-1 所示。

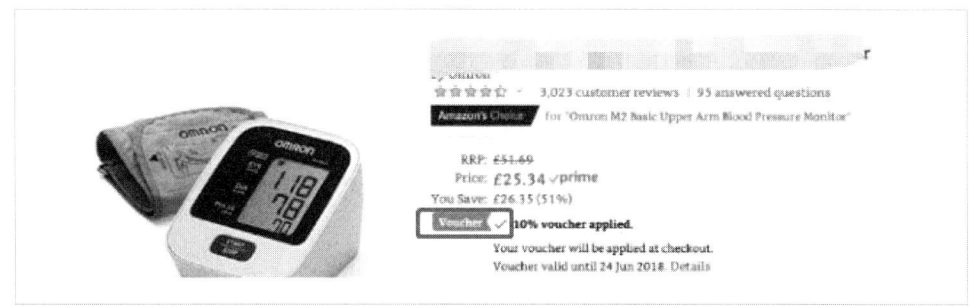

图 4-1　Vouchers 页面展示

优惠券活动开始后，供应商的商品将在亚马逊搜索结果页面中标记为正在促销，该标签会链接到供应商的商品详细信息页面，可以帮助商品在搜索结果中脱颖而出。买家选中 Voucher，可以将优惠券应用到他们的账户上。买家一旦使用 Voucher，亚马逊就会显示消息，告知消费者离 Voucher 到期还有多久。

二、镇店之宝促销活动

镇店之宝是一个或一些相关度较高的商品，仅在镇店之宝日享受一定折扣力度的促销活动。镇店之宝促销优惠适用于在亚马逊中国网站（www.amazon.cn）上由亚马逊中国或亚马逊海外实体销售的商品，以及亚马逊网站入驻卖家销售的商品。

镇店之宝的非划线价格是"镇店之宝价"，为该商品在参加镇店之宝活动期间的促销价格；如有划线价格，划线价格为"厂商建议零售价"，有可能是该商品的品牌专柜价、商品吊牌价、商品生产商或品牌供应商建议的零售价格，该价格仅供参考。

买家必须在镇店之宝促销活动结束前且促销商品尚可购买时，从镇店之宝促销活动区域或促销商品详情页，以镇店之宝促销价将商品加入购物车，方可享受镇店之宝促销优惠。

镇店之宝促销商品数量有限。如果镇店之宝促销区域为空或从"Z秒杀"页面消失,表明该镇店之宝商品促销期限届满,且暂无新镇店之宝促销。如镇店之宝商品发生变化,表明前一个镇店之宝商品促销期限届满或已售罄。如果"Z秒杀"页面仍存在镇店之宝促销区域,但买家无法再下单购买镇店之宝的促销商品,表明参加镇店之宝促销的商品已售罄,只能等待下一个镇店之宝出现才可购买。如果促销活动结束时促销商品仍未销售完毕,则该商品在促销活动结束后将恢复亚马逊正常售价。镇店之宝商品页面如图4-2所示。

图4-2 镇店之宝商品页面

三、"Z券"促销活动

"Z券"是一种亚马逊商品促销返券,它的获得和使用都有最低消费额的要求。当订单中所购商品满足"Z券"使用条件时,可以使用一张"Z券",订单付款按"Z券"面额减免支付。

例如,买家通过参加亚马逊自营中文图书满返"Z券"商品促销活动,当订单中相关商品成功配送后,即可在促销活动中说明的时间获得"Z券"。获得返券后,在返券有效期内,如果买家的订单符合"Z券"使用条件,在进入结算中心时,可在结算页面查到并使用此 Z 券，并且不需要输入任何促销代码。

四、"Z 实惠"促销活动

"Z 实惠"是亚马逊在 2012 年推出的一项全新服务。通过在线打折销售亚马逊自营的、无质量问题非全新品，为了给客户提供更多的购物选择，亚马逊推出"Z 实惠"折扣销售类商品。此类商品的包装或外观可能有污损，但无质量问题，不影响正常使用。

"Z 实惠"的所有商品都由亚马逊专业团队进行严格的测试并分级。该类商品在商品的详细页面中会以卖家"亚马逊 Z 实惠"的形式出现，并附有具体商品的详细说明信息。

客户可以在商品详细页面中看到"Z 实惠"商品的位置，根据商品价格、状况、卖家信息，了解关于"Z 实惠"商品的详细内容。点击"Z 实惠"商品的图标即可进入查看关于该类商品的隐私声明、配送信息、退 / 换货政策。

"Z 实惠"商品的分类有以下几种：

（1）全新品。

此类商品标注为"全新品"，意味着商品的原始包装未开封，但商品可能有轻微的外包装磨损，该类商品一般是快临近保质期的商品。

（2）近似新品。

此类商品一般来源于拍照失真与实物有差异、客户误购退货，或在库房配送过程中造成外包装破损的商品。此类商品通常都未曾使用过，可能有个别已经打开原厂铅封，但其功能和外观成色与新品品质基本相同。

（3）成色很好。

此类商品有可能被使用过，但使用次数很少，商品外观可能有轻微瑕疵（如轻微划痕、磨损等），有些可能缺失一些非重要的配件或重新包装过，但功能完好，不影响使用。

（4）成色好。

此类商品通常已被使用过，外观上可能有多处瑕疵（如划痕、磨损等）或部分配件被替换，但不影响基本功能的使用。

（5）尚可接受。

此类商品有些被使用过一段时间，有些曾经有质量问题但经过授权维修商维修过，商品外观可能有一些瑕疵（如中度划痕、磨损等），有些可能缺失一些非重要的配件或被重新包装过，但商品功能完好。

五、"Z 秒杀"促销活动

"Z 秒杀"促销活动是亚马逊网站在促销专区推出的限时限量的超低价抢购活动。所有秒杀促销商品均出现在"Z 秒杀"页面。卖家可以登录亚马逊网站，在搜索栏上端点击"Z 秒杀"，在秒杀促销活动期限届满或秒杀促销商品售完前，查看秒杀促销内容，同时秒杀促销商品。每位客户限购一次。

如图 4-3 所示，秒杀促销活动正在进行时，可以看到秒杀促销商品的售价、当前客户已加入购物车或已购买秒杀促销商品的比例、秒杀促销商品享受秒杀促销折扣的剩余时间等信息。如果秒杀促销商品可以预订，会在商品下方显示"加入购物车"按钮。

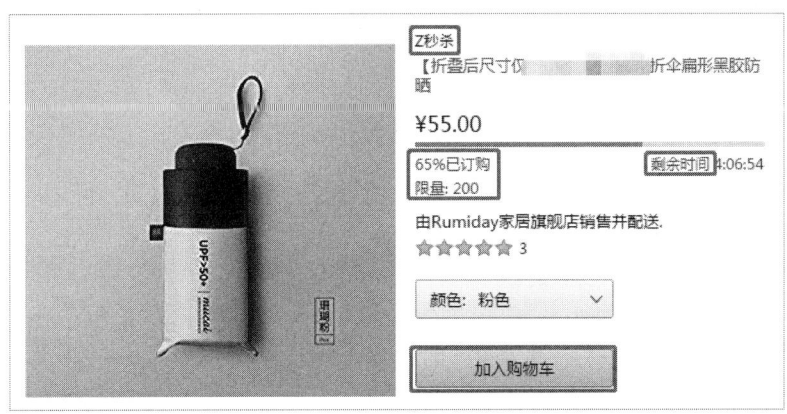

图 4-3 "Z 秒杀"商品页面

六、"Z 划算"促销活动

"Z 划算"是聚集了亚马逊网站特价折扣商品和精品促销的活动专区。亚马逊客户可以通过点击"Z 划算"区域中的促销商品，或点击查看详情进入促销详情页。

促销详情按钮下方时间代表该活动在"Z 划算"促销活动区域中展示的剩余时间,如图 4-4 所示。

图 4-4　海外购"Z 划算"页面

4.2　平台营销活动

4.2.1　阿里巴巴国际站

一、3 月新贸节 /9 月采购节

阿里巴巴国际站全年中最重要的两个活动分别是 3 月新贸节和 9 月采购节,也是卖家参与数最多的活动。

2018 年的 3 月新贸节活动时间为 3 月 5 日 0 点(PST,太平洋标准时间)至 3 月 31 日 23:59:59(PDT,太平洋夏季时间),其中包含免费验货活动、美国地区买家支持手续费减免、中美拼箱服务、金融、活动 KA 商家专享和 P4P 红包奖励六个活动。

在外贸行业，9月是国外买家的采购高峰期，而与外贸相辅相成的物流更是整个交易中的重中之重。阿里国际站致力于促进中小企业的跨境贸易，菜鸟物流更是与国际站直接合作，在"920"大促期间推出采购节信保订单使用国际物流满返减活动，帮助中小企业获得更多订单。

根据活动的不同，活动对象和活动条件也有所不同，卖家可以根据具体的活动要求参与。需要注意的是，若卖家累计惩罚分数达到24分或以上，阿里巴巴有权拒绝或限制卖家参加阿里国际站的各类推广、营销活动，或商品/服务的使用。

二、专场活动

"专场活动"是将网站主要活动进行展示，若供应商符合活动的条件即可报名参与。"专场活动"帮助供应商根据数据分析参与网站运营活动，"专场活动"页面如图4-5所示。

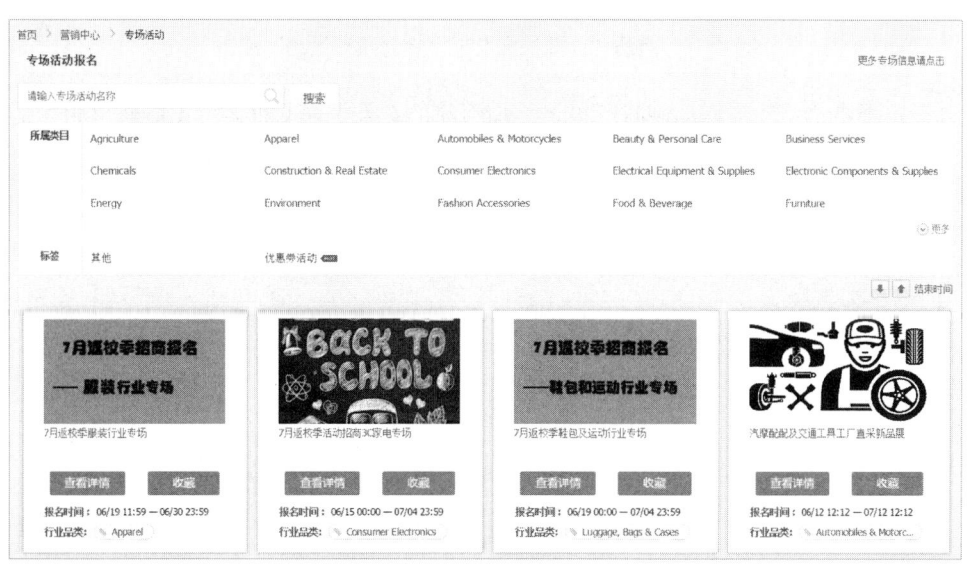

图4-5 "专场活动"页面

卖家根据自己网店的实际情况选择需要参加的活动，点击"查看详情"按钮（见图4-6）进入活动介绍页面。在活动详情页，卖家仔细阅读活动详情和商品要求，确认可以参加活动后点击"立即报名"按钮，若卖家不符合活动条件可点击"查看所有活动"按钮返回专场活动主页，如图4-7所示。

图 4-6　点击"查看详情"按钮

图 4-7　点击"立即报名"或"查看所有活动"按钮

选择参加活动的商品,且已报名参加活动的卖家在提交报名后不能修改报名信息。建议卖家在参加活动前,先优化商品等相关信息;选择后点击"提交所有已暂存的商品"按钮完成提交,如图 4-8 所示。

图 4-8　点击"提交所有已暂存的商品"按钮完成提交

4.2.2 速卖通

速卖通每期的平台活动都会在 My AliExpress 的"营销中心"板块进行展示和招商。卖家可以选取自己店铺内符合活动招商条件的商品自主申请报名参加,一旦入选,该申报商品就会出现在活动的推广页面,帮助供应商获得大量流量。

一、Super Deals

Super Deals 是全站唯一享有单品首页曝光,适用于推新品和打造爆款的活动,包括 Daily Deals、Weekend Deals 和 GaGa Deals 三种活动。

Daily Deals 是 Super Deals 最具代表性的活动,也是速卖通历史悠久、效果最显著的折扣活动。旨在打造速卖通平台独一无二的天天特价频道,是全球速卖通推出的推广品牌。它占据着全球速卖通平台的首页推广位,免费推广"高质量标准,超低出售价格"的商品。目前活动主要针对有销量、高折扣的促销商品进行招商。这里是平台最具性价比商品的集合,也是推广自身品牌的最佳展台。

Weekend Deals 要求价格折扣为 99%OFF ~ 35%OFF,店铺等级要求三勋至五冠,90 天好评率 ≥ 92.0% 且针对要求国家 30 天销售数量 ≥ 1,对活动要求国家免邮,发货期 ≤ 15 天。需要注意的是,每个买家每次只能报名一个商品,所以尽量报名折扣后价格具有竞争优势且符合活动要求的商品。

GaGa Deals 活动是速卖通平台的限时秒杀活动。作为每次大促的引流噱头,GaGa Deals 页面几乎是所有外部新流量的着陆点,它的特点是:限时、限量、秒杀。

二、团购活动

俄罗斯团购是速卖通国家团购项目中最具代表性的活动,也是目前整个速卖通平台流量最大的常规性活动,团购活动流量可以达到整个俄文站全部流量的 15% 以上。活动定位为最大流量、最快出货和卖家体验最优的营销渠道。

俄罗斯团购可以分为爆品团、秒购团和精品团三种活动,根据不同的活动定位有不同的招商要求。

爆品团招商:店铺要求,好评率 ≥ 93%,DSR(卖家服务评级系统)如实描绘达到 4.6,其他达到 4.5;商品要求,俄语系国家近 30 天销量 20 个,商品得分 4.6 以上;

折扣要求，在 90 天最低价的基础上实现 10%OFF，手机平板类目实现 5%OFF；物流要求，7 天内发货，俄罗斯、白俄罗斯、乌克兰三国包邮。

秒购团招商：店铺要求，好评率≥93%，DSR 如实描述达到 4.6，其他达到 4.5；折扣要求 90%OFF，且销售价格在 2 美元以内；活动库存数量要求在 100 以内；物流要求，3 天内发货，俄罗斯、白俄罗斯、乌克兰三国包邮。

爆款团（包括秒购团）面向全平台招商。

巴西团购目前已经更改为 Today's Deal（巴西场），具体招商要求可参考 Today's Deal 活动要求。

印尼和西班牙团购是新兴起的国家团购项目。团购招商要求较低，适合新店铺和中小卖家报名参加。具体招商要求是：商品符合印尼、西班牙市场要求；包邮；价格有竞争优势；销量高或者新款；折扣要求"3C"类目≥20%OFF，"Fashion"类目≥40%OFF。

三、平台大促与"双 11"

目前速卖通大促的类型主要有三种：第一种，年初的"325"购物节；第二种，年中的"819"金秋盛宴；第三种，年底的"双 11"大促。从大促的力度来看，"双 11"是促销力度最大，也是流量最大的大促活动。

每次大促都是速卖通平台花费大量资源引进巨额流量，所以活动效果超出其他所有的营销手段，大促的海量流量能带来大促后店铺及单品排名的快速攀升。与淘宝、天猫不同，速卖通大促中产生的所有销量都会计入物品销量，并参与物品搜索排名计分，实现大促后全店铺物品自然搜索排名和类目排名可实现飞跃式前进，所以历年的平台大促竞争都异常激烈。

平台大促主要包含秒杀活动、主会场 5 折活动、分会场活动、主题馆活动、优质店铺推广活动、全店铺折扣活动和"海景房"几种类型的活动。

"海景房"是"双 11"大促推出的新型大促活动类型，位于主会场的顶端，占据"双 11"大部分流量。但是"海景房"的审核标准非常高，每个展位每小时自动计算更新一次，根据商品的销量来确定"海景房"位置的哪个商品该在这个时段被展示。所以对于"海景房"的位置来讲，把商品的转化做到最优是最大的权重指标。这个位置适合大卖家去竞争，中小卖家难以符合条件。

其他类型的活动报名要求相对简单，其中以主会场 5 折活动流量最大，也是中小卖家重点竞争的展示位置。活动选取标准主要根据商品的综合排名，通过活动前的优化，是可以达到平台 5 折活动商品的选择标准的。如果报名参加平台 5 折活动失败，供应商自己设置的店铺 5 折活动也有机会出现在这个黄金位置。

4.2.3 亚马逊

亚马逊每年都会举办多场促销活动，为平台卖家吸引消费者，增加商品曝光度，从而提高销量。卖家可以根据活动特质，推出相应的商品、折扣来吸引消费者。例如节日前夕，玩具、书本或者其他礼品类商品更受欢迎，卖家可以提前采购这类商品，以增加节日销量。"亚马逊 Prime Day""黑色星期五""网络星期一"这 3 个活动最为盛大，卖家需要特别关注。

一、亚马逊 Prime Day

"亚马逊 Prime 会员"是亚马逊于 2005 年推出的服务，亚马逊全球 Prime Day 会员日是回馈会员的大日子，会动员全球精品资源，包含中、美、日、德、英、意等国家一起参与优惠，甚至比"黑五""618""双 11"等活动的覆盖范围还要广。Prime 会员不限订单金额、免境内运费、2 个工作日限时送达服务。另外还有许多增值服务，如提前 30 分钟开抢亚马逊 Lightning Deals 闪购或 MyHabit.com 新活动、无限量免费视频音乐流媒体、无限量照片云空间、Kindle 电子书免费借阅等。

亚马逊 Prime Day 会员日在全球不同时区举行，2018 年 Prime Day 中国活动时间为 7 月 3 日～7 月 18 日。Prime Day 会员日活动一般以下国家的 Prime 会员可以参加：美国、英国、西班牙、日本、意大利、德国、法国、加拿大、澳大利亚。在 Prime Day 这天，亚马逊将提供上百款秒杀商品和极速、免费的快递服务，网站每 10 分钟更新促销活动商品，商品涵盖电子数码、玩具、游戏、电影、服饰、运动外商品等。

二、黑色星期五（Black Friday）

黑色星期五（Black Friday）在中国简称"黑五"。西方节日感恩节是每年 11 月的最后一个星期四，感恩节的第二天就是"黑色星期五"，这一天整个美国几乎所有的商场都疯狂大减价。亚马逊 Black Friday 与 Black Friday 不同，作为全球最大的电商零售领导者，亚马逊对于 Black Friday 有自己的特色。

（1）Deal of Day（每日折扣专区）。

活动专区的第一个大区域就是 Deal of Day（每日折扣专区），该区域的折扣仅限当日。页面上有活动倒计时，每天有 10 个折扣活动，点击详情可进入具体的享受折扣商品页面，每日折扣作为亚马逊首推的第一个板块，力度相对较大。

（2）Today's Hottest Deal（当天最火折扣）。

该板块包含的折扣比较多，可以选择当天能买的折扣活动，或者即将开始的最火折扣。亚马逊也贴心地根据买家的浏览记录等数据，为供应商推荐买家关注过的商品中哪些有折扣，在 Today's Hottest Deal 下面的 watching 板块也能看到。

（3）亚马逊 Device Deals（亚马逊设备商品折扣）。

该板块展示亚马逊自己出品设备的折扣，比如家喻户晓的 Kindle 等。

（4）Shop All Deal（所有折扣）。

亚马逊所有折扣就在该板块，由于折扣活动多，可以通过左侧的筛选框进行筛选，或者右边的下拉框，按照商品相关度、商品价格、折扣力度来进行排序查找。

三、网络星期一

"网络星期一"指的是"黑色星期五"之后的第一个星期一，是美国一年当中最火爆的购物日之一。每年从感恩节到"网络星期一"，美国电商界的竞争异常激烈。亚马逊凭借自家 Echo 设备，也会积极参与其中。

4.3 社交媒体营销

4.3.1 SNS 社交平台属性分析

SNS 全称为 Social Networking Services（社会服务型网络），国际上以 Facebook、Twitter、Instagram、Pinterest、VK 等 SNS 平台为代表，旨在帮助人们建立社会性网络的互联网应用服务，也指社会现有已成熟普及的信息载体深入 SNS 服务。

进入社交媒体时代后,沟通渠道开始变得多样化,沟通过程也融入了更多的个人情感。粉丝可能在供应商开设的 Facebook、Twitter 中评论或者分享他们的观点。在信息时代,企业不只是信息的发布者,更变成了活动的聆听者和参与者。

社交媒体平台营销分为主页发帖吸引粉丝互动(免费)和广告投放(付费)两种。发帖包括更新主页状态、发布照片视频、发布活动信息、发布大事记、建立和参与小组讨论等,吸引自然粉丝并与之互动,多以内容创意和活动吸引力以及与客户的互动为取胜点。

用 CPC、CPM 等方式付费营销,是社交媒体营销中逐渐形成和强化的另一种快速见效的营销方式。其多以网站中的广告横幅、文本链接、多媒体等形式展示给互联网用户。伴随着受众的注意力从电视转移到其他网络媒体,互联网广告已经逐渐成为广告营销的重要发展方向。

一、Facebook 市场流量分析与粉丝行为习惯分析

Facebook 是全球最大的社交网络服务网站,中文网名译为"脸书网"。Facebook 于 2004 年 2 月 4 日上线,据 Aleax 2019 年数据显示,Facebook 月均 UV(Unique Visitor,访客数)为 441 280 000,月均 PV(Page View,浏览量)为 1 729 817 000。同时 Facebook 是美国排名第一的照片分享网站,2017 年第二季度,Facebook 的月活用户首次超过 20 亿。

1. 互联网排名

从图 4-9 可以看出,Facebook 在全球排名第 3 位,在美国本土排名第 2 位,在 SNS 社交类网站排名第 1 位。排名数据会随着时间不断变更(本节各图时间为 2018 年 6 月)。

图 4-9 Facebook 排名

2. 流量来源

如图 4-10 所示,直接访问 Facebook 平台的人群比例高达 79.88%,也就是说,

大部分客户是通过直接搜索域名进入 Facebook 官方网站的，可见客户忠诚度极高，大部分访客是经常浏览 Facebook 的。3.18% 的访客来源于其他网站的推荐，这是 Facebook 的口碑营销。10.69% 的人来源于搜索，也就是说，这部分群体是直接通过搜索引擎搜索进入网站的。剩余访客，3.50% 来源于社交网站，2.69% 来源于 E-mail，0.07% 来源于付费广告。

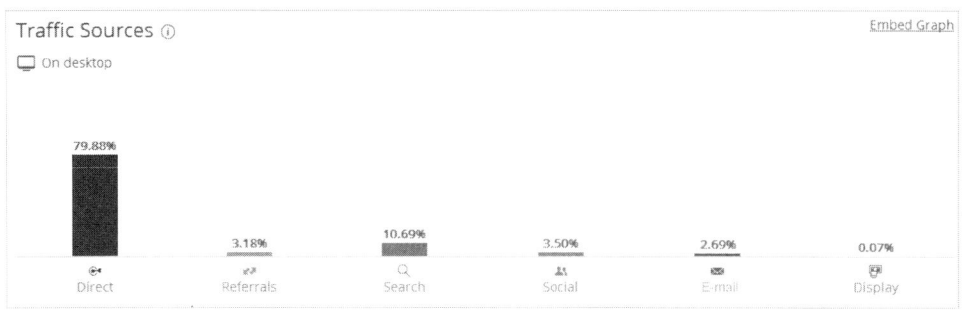

图 4-10　Facebook 流量来源

3. 流量情况

如图 4-11 所示，Facebook2018 年 6 月的总流量达到 223 亿次，每个客户的平均停留时间为 12 分钟 23 秒，客户访问深度为 11.7，客户跳出率为 27.02%。由这些数据可见，Facebook 的客户群体黏度和忠诚度是极高的。

图 4-11　Facebook 流量概况

4. 流量分布国家

从图 4-12 可以看出，按国家统计流量来源，来自 Facebook 出生地美国的客户占比最大，其次是速卖通上的热销国家巴西。

图 4-12 Facebook 流量来源国家

二、Twitter 市场流量与粉丝行为分析

Twitter（非官方中文译名为"推特"）是社交网络和微博客服务平台，它可以让用户更新不超过 140 个字符的信息，这些消息被称作"推文（Tweet）"。Twitter 在全世界都非常流行，有超过 5 亿的活跃用户，这些用户每天会发表约 7 亿条推文。同时，Twitter 每天还会处理约 1.6 亿的网络搜索请求。Twitter 被形容为"互联网的短信服务"。网站的非注册用户可以阅读公开的推文，而注册用户则可以通过 Twitter 网站、短信或者各种各样的应用软件来发布消息。Twitter 是互联网访问量最大的十个网站之一。

1. 互联网排名

如图 4-13 所示，Twitter 在全球排名第 7 位，在美国本土排名第 9 位，在 SNS 社交类网站排名第 3 位。这个排名随着每月数据更新而不断变更（本节各图中数据时间为 2018 年 6 月）。

图 4-13 Twitter 排名

2. 流量情况

如图 4-14 所示，Twitter2018 年 6 月单月浏览量达到 39.2 亿，平均停留时间 9 分 22 秒，访问深度为 7.74，跳出率为 29.61%。

图 4-14　Twitter 流量概况

3. 流量来源

如图 4-15 所示，Twitter 的访问人群直接流量来源达 45.49%，接近总流量的一半；21.17% 的流量来源于搜索，19.83% 的流量来源于社交网络。以上三种方式是 Twitter 的主要流量来源。

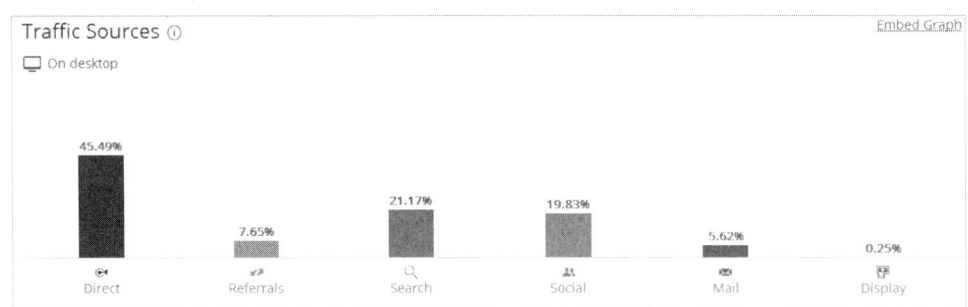

图 4-15　Twitter 流量来源方式

4. 流量分布国家

如图 4-16 所示，Twitter 的访问人群主要来源依然是美国，位于亚洲的日本也有很高的占比，英国、土耳其和巴西近几年的流量也在逐渐增加。

图 4-16　Twitter 流量来源国家

三、Instagram 市场流量分析与粉丝行为习惯分析

Instagram 是一个免费提供在线图片及短视频分享的社交应用，于 2010 年 10 月发布。它可以让用户用智能手机拍下照片后再将不同滤镜效果添加到图片上，然后分享到 Facebook、Twitter、Tumblr 或者 Instagram 的服务器上。

Instagram 的名称取自"即时"（instant）与"电报"（telegram）两个英文单词的结合。因为创始人的灵感来自即时成像的相机，且认为人与人之间的照片分享"就像用电线传送电报信息"一样，因此将两个单词结合成软件名称。Instagram 的一个显著特点是，用它拍摄的照片为正方形，类似用宝丽来即时成像相机拍摄的效果，而通常使用的移动设备的相机的纵横比为 4:3 和 16:9。

1. 互联网排名

如图 4-17 所示，Instagram 在全球排位第 6 位，在美国排名第 13 位，在社交类网站排名第 2。排名随每月数据更新而不断变化（本节各图中数据时间为 2018 年 6 月）。

图 4-17　Instagram 排名

2. 流量情况

图 4-18 是 Instagram2018 年 1-6 月的流量情况，可以看到在 2018 年 6 月流量达到 26.7 亿，平均访问时间近 7 分钟，访问深度为 16.73，跳出率为 35.66%。

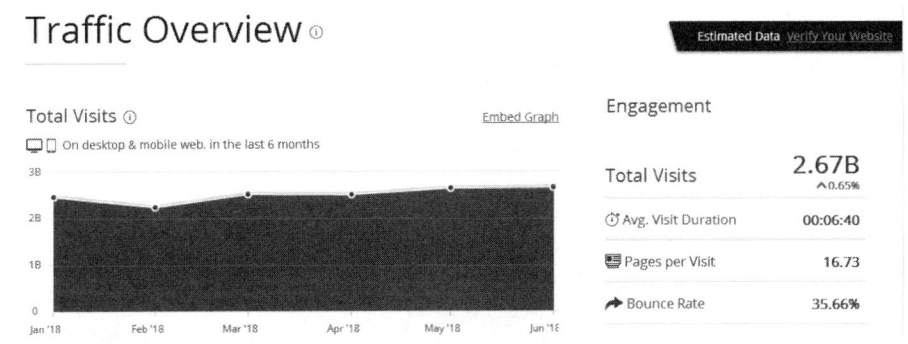

图 4-18　Instagram 流量概况

3. 流量来源

如图 4-19 所示，在 Instagram 的访问人群中，绝大多数人依旧是直接进入，紧随其后的是搜索和社交来源。

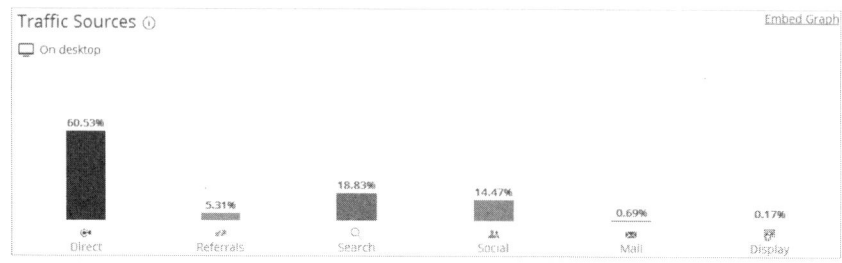

图 4-19　Instagram 流量来源

图 4-20 所显示的是社交网站关于 Instagram 的引流情况，占比较大的是 YouTube，然后是 Twitter 和 Facebook。

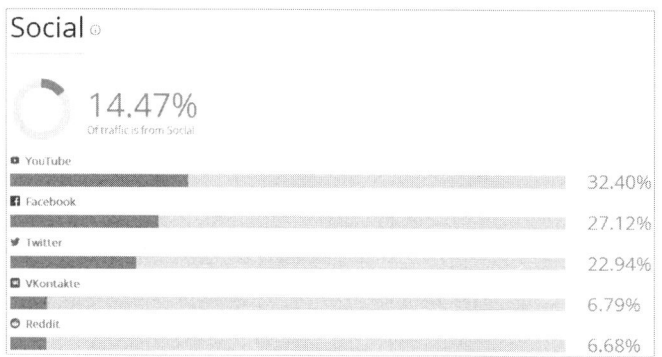

图 4-20　Social 类流量来源对比

4. 流量来源国家

如图 4-21 所示，Instagram 的访客人群依旧是美国居多，排名第二和第三的是俄罗斯和巴西。这也说明俄罗斯和巴西这两个国家的移动设备使用率较高。

图 4-21　Instagram 流量来源国家

四、Pinterest 市场流量分析和粉丝行为分析

Pinterest 是一个图片分享类社交网站，用户可以按照主体分类添加和管理自己的图片收藏，并与好友分享。其使用的网站布局为瀑布流布局。Pinterest 是美国加州一个名为 Cold Brew Labs 的团队创建的，2010 年正式上线。Pinterest 由 Pin 和 Interest 两个英文单词组成。

图 4-22 至 4-24 是 Pinterest 网站 2018 年 6 月的一些数据情况。

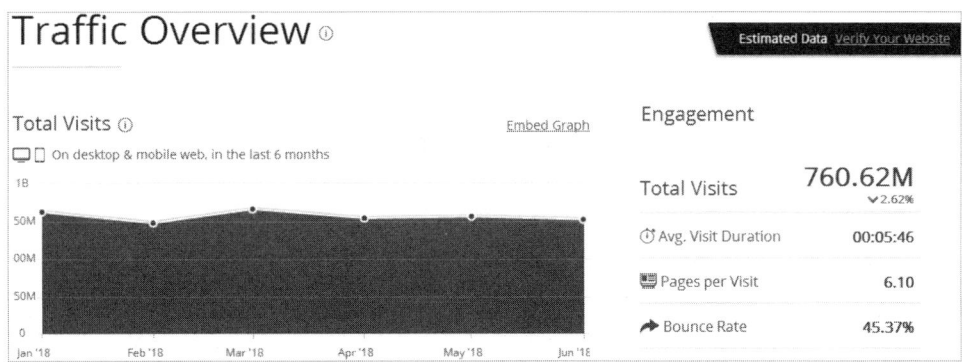

图 4-22　Pinterest 流量概况

图 4-23　Pinterest 排名

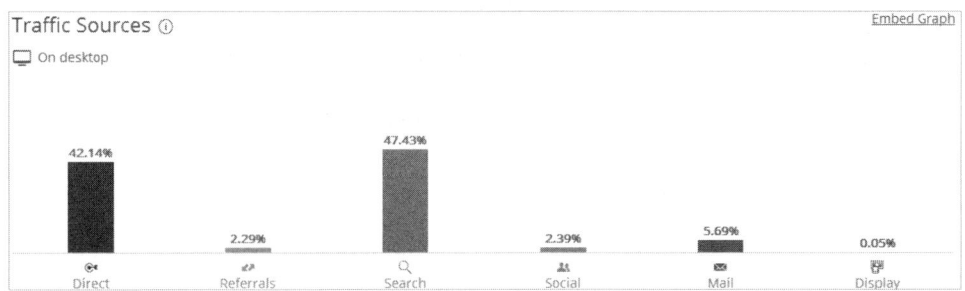

图 4-24　Pinterest 流量来源

五、VK 市场流量分析与粉丝行为分析

VKontakte（简称"VK"）是俄罗斯知名的在线社交网络服务网站，为"接触"

之意，拥有 70 种语言，用户主要来自俄语系国家，其中在俄罗斯、乌克兰、阿塞拜疆、哈萨克斯坦、白俄罗斯、以色列等国家较为活跃。

1. 互联网排名

如图 4-25 所示，VK 在全球排名靠前，在俄罗斯排名第一位，其在俄罗斯的影响力极大。排名随每月数据更新而不断变化（本节各图中的数据时间为 2018 年 6 月）。

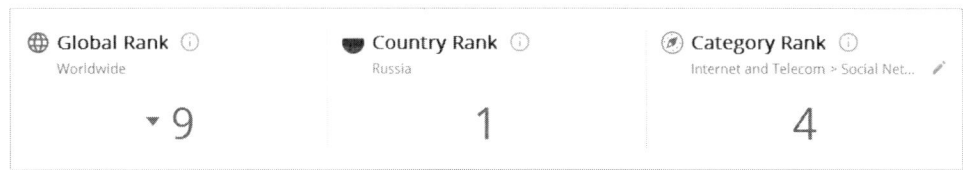

图 4-25　VK 排名情况

2. 流量情况

从图 4-26 可以看出，VK 2018 年 6 月的流量接近 24 亿；平均访问时间为 16 分 43 秒；页面访问深度高达 22.51，超过了其他很多大型社交类网站。由此可见 VK 在全球的影响力也是极大的。

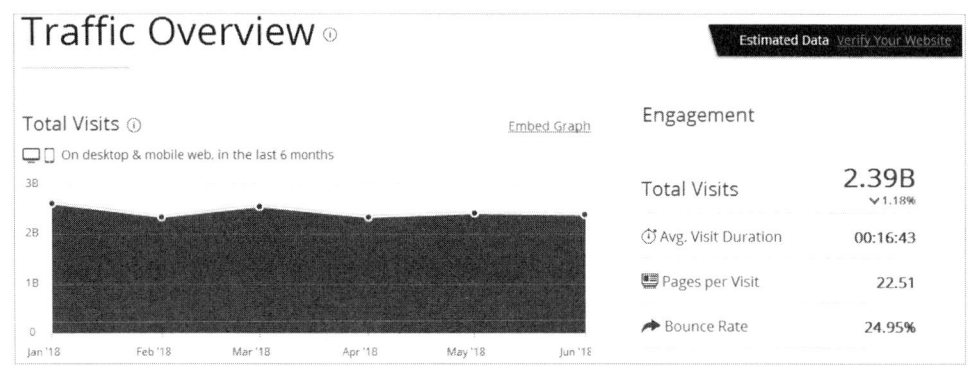

图 4-26　VK 流量概况

3. 流量来源和分布国家

如图 4-27 和图 4-28 所示，VK 的访客来源途径与 Facebook 一样，直接访问人数最高，其次是搜索、社交等途径。流量来源国占比中，俄罗斯占比最大，其次是乌克兰、白俄罗斯等俄语系国家。

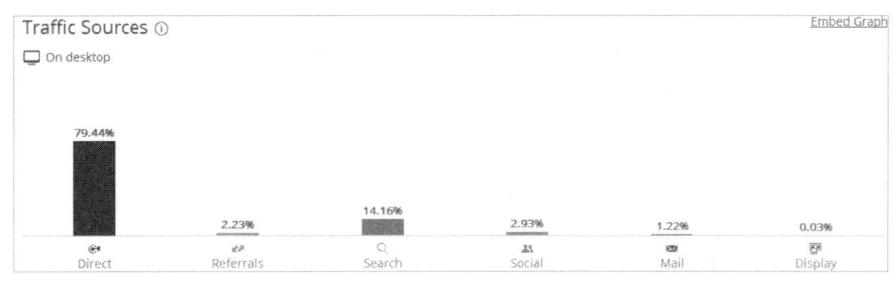

图 4-27　VK 流量来源方式

图 4-28　VK 流量来源国家

4.3.2　经典案例分析

一、Kohl's（科尔士百货公司）

科尔士百货公司是美国著名的面向家庭的专业百货公司。这家公司前几年曾根据粉丝在 Facebook 上的投票数量，给不同的学校捐赠出总额达 1 000 万美元的善款（活动主页见图 4-29）。这是一个非常棒的推广活动，因为获得最多投票的 20 所学校会收到 50 万美元的捐赠。科尔士百货公司主页的粉丝数量因此猛增至 100 万，而每一个获得捐赠的学校也得到了多达 10 万票的投票。科尔士公司的这个以社交网络为中心的营销活动获得了巨大成功。同时，他们在利用社会化媒体策略增进企业的社会责任感方面也做出了出色的工作和努力。

二、Jack In The Box（魔术玩偶箱公司）

美国著名的快餐连锁企业 Jack In The Box 曾举办过"富裕粉丝大抽奖"活动，每当 Facebook 主页增加一个新的粉丝，公司的吉祥物"Jack"就会在一个虚拟的存钱罐里存入 5 美分（活动主页见图 4-30）。公司以 2 000 美元为起存点，一个月后，当奖金发放给中奖粉丝的时候，存钱罐里的金额达到了 1.15 万美元。不用说，在社交网络上免费派钱是最有效，也是最容易获得新粉丝的方法。这个营销活动不仅十分有创意，也成功地让快餐连锁店的支持人数暴增。

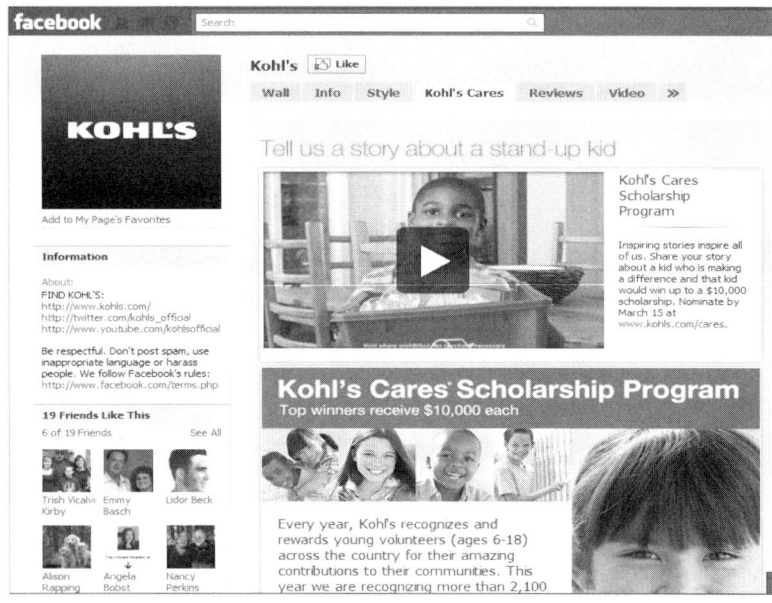

图 4-29　科尔士百货公司 Facebook 活动主页

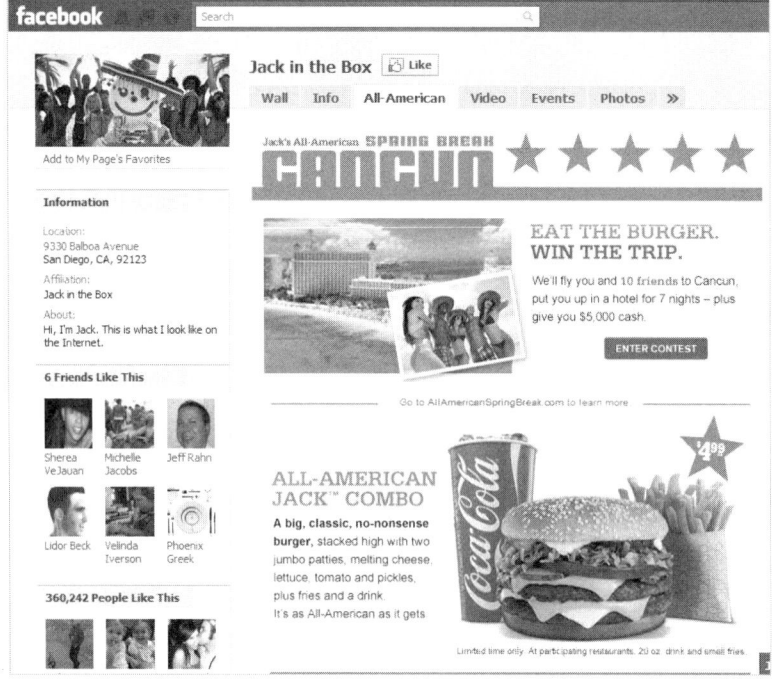

图 4-30　Jack In The Box 的 Facebook 活动主页

三、Mercedes-Benz（梅赛德斯 - 奔驰公司）

梅赛德斯 - 奔驰公司自行开发了一款名为"Untamed"的社会化媒体工具，其理念与梅赛德斯 - 奔驰一款 CLA 级新车的设计理念相映成趣。公司将该应用的首场秀设在巴黎，并在 Instagram 上通过照片进行了大量宣传，由此获得巨大成功。打破常规又野性十足的奔驰 CLA 引领粉丝们写下了他们对 Untamed 的独特理解。它的目标绝对不是运用仿真图片随意创造一个平庸的活动，而是通过整合真实的照片来构建一个独立的数字式图像，让一群来自世界各地的艺术狂热爱好者们能够欣赏这些位于市区中心精心打造的展示。在这里，充满生机、绚烂缤纷的 Instagram 图片组成了独具匠心的生活空间，供人们欣赏。活动展示如图 4-31 所示。

图 4-31　梅萨德斯 - 奔驰活动展示

四、Nike（耐克公司）

耐克公司曾推出一项活动，在活动中，用户们可以在 Instagram 上创造自己的新鞋子（社交广告见图 4-32）。这个活动既通过个性化定制的方式招揽了顾客，同时也让大家尝试了一把当设计师的滋味，可谓一举两得。在这次活动中，耐克公司主打社交牌，粉丝们有机会互相鼓励和启发，与整个社交群体分享他们的设计。

图 4-32 Nike 的社交广告

用户只需在页面上轻轻一点,就能选择自己最喜爱的照片作为 Nike Air 的背景,然后就可以根据照片的颜色进行个性化定制了。这款 Nike PHOTOiD 网站不仅能让用户自己设计球鞋,更能浏览他人的设计理念,购买自己的定制商品并在 Instagram、Facebook、Twitter 上进行分享。

4.4 搜索引擎营销

搜索引擎营销是互联网发展最为迅速的领域之一。互联网就好像一个巨型图书馆,搜索引擎就存在于这个图书馆中,并且时时刻刻都在产生大量的信息。

4.4.1 搜索引擎营销模式

搜索引擎营销即 SEM,是 Search Engine Marketing 的英文缩写。SEM 是一种新的网络营销形式。SEM 所做的就是全面而有效地利用搜索引擎来进行网络营销和推广。SEM 追求高性价比,以最小的投入获得最大的访问量,并产生商业价值。

一、竞价排名

顾名思义,竞价排名就是网站付费后才能被搜索引擎收录,付费越高排名越靠前。竞价排名服务是由客户为自己的网页购买关键字排名,按点击计费的一种服务。客户可以通过调整每次点击付费价格,控制自己在特定关键字搜索结果中的排名;并可以通过设定不同的关键词捕捉到不同类型的目标访问者。

国内最流行的点击付费搜索引擎是百度。值得一提的是,即使是做了 PPC(Pay

Per Click,按照点击收费）付费广告和竞价排名，最好也要对网站进行搜索引擎优化设计，并将网站登录到各大免费的搜索引擎中。

二、购买关键词广告

购买关键词广告即在搜索结果页面显示广告内容，实现高级定位投放。用户可以根据需要更换关键词，相当于在不同页面轮换投放广告。

三、搜索引擎优化（SEO）

搜索引擎优化就是通过对网站优化设计，使得网站在搜索结果中排名靠前。搜索引擎优化又包括网站内容优化、关键词优化、外部链接优化、内部链接优化、代码优化、图片优化、搜索引擎登录等。

4.4.2 搜索引擎营销的目标层次原理

从搜索引擎营销的信息传递过程和实现搜索引擎营销的基本任务，可以进一步推论，在不同的发展阶段，搜索引擎营销具有不同的目标，最终的目标在于将浏览者转化为真正的顾客，从而实现销售收入的增加。图4-33描述了搜索引擎营销的目标层次结构，从下到上目标依次提高。

从图4-33中可以看出，搜索引擎营销可分为四个层次，可分别简单描述为：存在层、表现层、关注层和转化层。

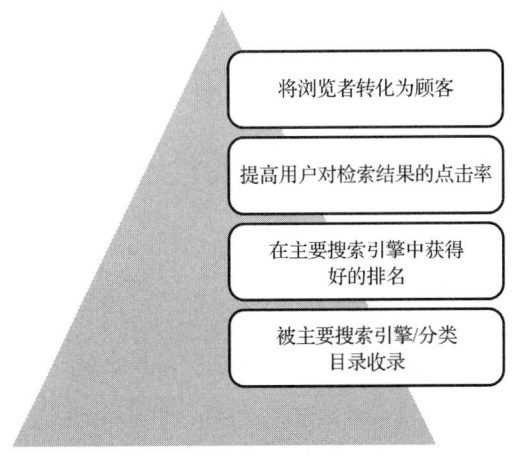

图4-33　搜索引擎的目标层次结构

第一层是搜索引擎营销的存在层，其目标是在主要的搜索引擎/分类目录中获得被收录的机会。这是搜索引擎营销的基础，离开这个层次，搜索引擎营销的其他目标就不可能实现。搜索引擎登录包括免费登录、付费登录、搜索引擎关键词广告等形式。存在层的含义就是让网站中尽可能多的网页获得被搜索引擎收录的机会（而不仅仅是网站首页），也就是增加网页的搜索引擎可见性。

第二层的目标则是在被搜索引擎收录的基础上尽可能获得更好的排名，即在搜索结果中有良好的表现，因而称为表现层。因为用户关心的只是搜索结果中排名靠前的少量内容，如果利用主要的关键词检索时网站在搜索结果中的排名靠后，那么还有必要利用关键词广告、竞价广告等形式作为补充手段来实现这一目标。同样，如果在分类目录中的位置不理想，则需要同时考虑在分类目录中利用付费等方式获得靠前的排名。

第三层的目标则直接表现为网站访问量指标方面，也就是通过搜索结果点击率的增加来达到提高网站访问量的目的。只有受到用户关注，经过用户选择后的信息才可能被点击，因此该层称为关注层。从实际情况来看，仅仅做到被搜索引擎收录并且在搜索结果中排名靠前是不够的，这样并不一定能增加用户的点击率，更不能保证将访问者转化为顾客。要通过搜索引擎营销实现访问量增加的目标，则需要从整体上进行网站优化设计，并充分利用关键词广告等有价值的搜索引擎营销专业服务。

第四层的目标即通过访问量的增加提高企业的最终收益，可称为转化层。转化层是前面三个目标层次的进一步提升，是各种搜索引擎方法所实现效果的集中体现，但并不是搜索引擎营销的直接效果。从各种搜索引擎策略到产生收益，期间的中间效果表现为网站访问量的增加，网站的收益是由访问量转化所形成的，从访问量转化为收益则是由网站的功能、服务、商品等多种因素共同作用而决定的。因此，第四个目标在搜索引擎营销中属于战略层次的目标。其他三个层次的目标则属于策略范畴，具有可操作性和可控制性的特征，实现这些基本目标是搜索引擎营销的主要任务。

相关研究表明，目前 Google、Yahoo、百度等主流搜索引擎可检索全球互联网

85%的"可见网页",但仍然有大量网页,由于被隐藏于数据库或受密码阻止等原因不能被搜索引擎索引,成为海量的"不可见网页"。搜索引擎营销是基于网页文字内容的营销方式,其前提是网页内容可以被搜索引擎检索,成为搜索引擎的可见网页,这是搜索营销策略中至关重要的一点。

4.5 电子邮件营销

为了帮助速卖通卖家更好地管理自己的客户,识别其中诚信并有购买力的优质买家进行针对性营销,速卖通平台推出了买家管理营销工具,包含客户管理和邮件营销两个核心功能。

4.5.1 电子邮件营销的特点

电子邮件营销(E-mail Direct Marketing,简称 EDM 营销)是网络营销手法中最古老的一种,比绝大部分网站推广和网络营销手法都要久。关于 EDM 营销,必须有 EDM 软件对 EDM 内容进行发送,企业可以通过使用 EDM 软件向目标客户发送邮件,建立同目标顾客的沟通渠道,向其直接传达相关信息,用来促进销售。EDM 软件有多种用途,可以发送电子广告、商品信息、销售信息、市场调查、市场推广活动信息等。

各个跨境电子商务平台进行电子邮件营销都具有一定的规则。为了控制买家接收邮件的频率,注重买家的感受,营销邮件对于邮件数量有一定控制。平台会根据"卖家星级",每个月给予一定的营销邮件发送量,卖家等级越高,拥有的邮件数就越多。

电子邮件营销的特点在于:

(1)精准直效。可以精确筛选发送对象,将特定的推广信息投递到特定的目标人群。

(2)个性化定制。根据人群的差异,制定个性化内容,让客户根据用户需要提供最有价值的信息。

（3）信息丰富全面。文本、图片、动画、音频、视频、超级链接都可以在 EDM 中体现。

（4）具备追踪分析能力。根据用户的行为，对邮件打开、点击数据加以分析，获取销售线索。

4.5.2 电子邮件营销的功能

一、打开率

打开率是指有多少人（以百分比的形式）打开了供应商发送的邮件。目前，这个参数变得越来越不重要了。这是因为电子邮件的打开率是通过在邮件中放置一个微型图片进行追踪的，但是许多邮件服务商都会拦截图片，使图片无法显示。因此客户可能打开了邮件，但系统记录他没有打开，除非他主动使邮件中的图片显示出来。有报告称，标准的打开率报告根据收件人列表质量的不同最多可能会降低 35%。

二、点击率

点击率是指点击数除以邮件打开数（注意不是发信总数）所得到的百分比。不同的公司以不同的方式衡量点击率。那么，每打开一次邮件，是所有的点击都计算还是只计算一次呢？对于这个问题，还没有统一的答案。这个参数非常重要，因为邮件营销的全部目的就是吸引客户访问网站。

三、送达率

送达率是指到达客户收件箱（相对于进入垃圾邮件箱或是"收件人不详"的黑洞）的邮件数除以邮件发送总数得到的百分比。如何使邮件成功进入收件箱是一个相当复杂的过程，需要保障邮件送达率。

四、个性化

个性化是指在供应商发送的邮件中包含收件人的用户名、姓名、公司等个性化内容。为此，供应商的数据库需要捕获这些信息，邮件服务商需要接受和包括相应的数据字段。个性化邮件并不适用于每个行业，使用的时候要谨慎。不过，在适当的情况下，个性化可以大幅提高邮件的转换率。

五、列表清理 / 列表优化

列表清理 / 列表优化能使收件人列表保持"优质",这非常重要。列表中无效的电子邮件地址(拼写错误、过期账户等)越多,被标记为潜在垃圾邮件的概率就越大。同时,供应商的数据报告也不能真实地反映出邮件发送的效果。

六、CAN-SPAM

《CAN-SPAM Act of 2003》(《反垃圾邮件法》)是美国 2003 年通过的一部联邦法律。它规定了发送邮件时必须遵守的一系列条款,违反了这些条款,就会被纳入垃圾邮件发送者的行列,并面临罚款的潜在处罚。

七、许可 / 双重许可

收件人列表有三种:"许可式"是指收件人选择加入你的列表并允许你给他们发信;"双重许可"是指收件人给两次许可(通常通过电子邮件中的确认链接);除此以外所有的列表都被认为是潜在客户列表(通常通过购买和租借得到)。这三种列表中,每一种都有各自的价值。

八、退订 / 反订阅

退订 / 反订阅是指收件人从收件人列表中自行退出的能力,包括完全退订和针对某一列表的退订两种方式。完全退订是指收件人要求退出所有的收件人列表,不再收到由供应商发给这个列表的任何邮件;针对某一列表的退订是指收件人要求退出供应商的某一收件人列表,不再收到由供应商发给这个列表的任何邮件。例如,收件人不愿意收到特惠信息,但又想收到每周新闻。

九、HTML 格式邮件 / 纯文本邮件

这是电子邮件的两种格式。HTML 格式的邮件可以包含色彩、表格和图片;而纯文本格式的邮件只能包含文字。事实上两种格式的邮件都需要发送,因为并不是所有邮件的客户端都支持 HTML 格式(尤其是手机端)。哪一种格式更适合供应商,要经过反复测试才能知道。

十、退信数

退信数是指因"无法送达"而退还给发件人的邮件数。造成退信的原因有:邮

件地址拼写错误、邮件收件箱已满,以及其他原因。如果收件人列表是通过购买、租借得到的,那么这个参数非常重要,因为它能告诉供应商购买的邮件地址中有多少个是无效的。

本章小结

通过本章的学习,读者可以对跨境电子商务的营销方式有初步的认知。通过站内站外多样化营销方式的学习,分析营销方式的不同类型和特点,了解营销方式的原理,帮助供应商选择适合自身的营销方式,更好地运营店铺。

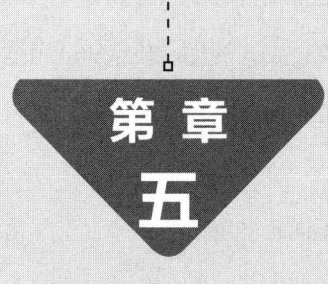

第五章

跨境电子商务支付

在"互联网+"的大背景下,跨境电子商务在促进经济快速发展、推动贸易全球化方面具有重大的战略意义。跨境电子商务高速发展的同时,跨境支付的方式方法也在与时俱进,跨境支付市场无疑将成为支付领域新的增长点。各类支付平台不断完善的同时,信用卡支付、邮政汇款、银行转账等多种支付方式也在不断创新。

知识目标

1. 了解跨境电子支付的相关政策；

2. 熟知跨境电子支付的不同方式和类型；

3. 了解不同支付方式的优、缺点和适用范围；

4. 了解跨境电子商务支付外汇管理。

能力目标

1. 能够根据不同跨境电子商务平台选择适宜的支付方式；

2. 掌握规避跨境电子支付风险的技巧。

5.1 跨境电子支付概况

5.1.1 跨境电子支付概念与市场政策

跨境电子商务支付方式是国际间因商品交换而发生的，是以货款为主要内容的债权债务的清算方式。跨境电子商务收付款方式种类繁多，不同的支付方式包含着不同的支付时间、支付地点和支付方法，且各个平台收款的设置方法也不同。

电子支付是指单位、个人直接或授权他人通过电子终端发出支付指令，实现货币支付与资金转移的行为。根据电子支付的概念，可以推论跨境电子支付主要表现为主体上的特殊性，即境内单位、个人直接或授权他人通过电子终端实现货币的跨境支付与资金的跨境转移。

2013 年 9 月，国家外汇管理局发放了首批 17 张跨境支付牌照。至 2019 年，全国共有 35 家支付企业获得国家外汇管理局颁布的跨境支付牌照，其中包括 30 张跨境外汇支付牌照和 5 张跨境人民币支付牌照。

支付机构可以为跨境电子商务所进行的交易产生的外汇资金收付与结算提供服务，但需要满足以下条件才可以进行：一是拥有国家发放的跨境支付牌照；二是互联网支付在其经营范围之内。此项政策的出台，大大推动了我国跨境电子商务的发展。跨境外汇支付的许可拓宽了我国第三方支付的服务贸易领域，使第三方支付公司能够更好地参

第三方跨境支付平台名单（部分）

与到国际竞争中,为我国支付公司开辟了更广阔的发展空间。与此同时,银行方面也在尝试与各跨境平台合作,从而实现双赢。

跨境支付快速发展的同时也存在一些问题。我国需要进一步完善跨境电子支付、清算、结算的服务体系,根据不同国家的支付需求增加多种支付方式,并加大对银行机构和支付机构支付业务的监管力度。

5.1.2 跨境电子支付方式

伴随着海淘的兴起以及跨境 B2B、B2C 的飞速发展,为供应商提供了多样化的结算方式(见图 5-1),支付也是跨境电子商务中非常重要的环节。

图 5-1 跨境支付方式示意

一、电汇

电汇也称为"电汇 TT(Telegraphic Transfer)"。汇款人将一定数额的款项交存汇款银行,汇款银行通过电报或电传给目的地的分行或代理银行(汇入行),指示汇入行向收款人支付一定数额的款项。电汇分为前 TT 和后 TT 两种。

(1)前 TT:买家先付款,卖家再发货。货物准备好后,国外买家付款后,卖家再安排发货。

(2)后 TT:国内卖家先发货,国外买家再付款。卖家将货物准备好后先发货,同时将买家要求的贸易单证复印件交给买家;买家见单证后支付货款;货款到账后,卖家再将正本贸易单证寄给买家。

（1）费用：买家汇款后各经手银行都会收取手续费，经手银行包括付款行、中转行（代理行）和收款行，所以会有到账金额比付款金额少的情况。

各经手银行收费情况

（2）适用范围：电汇是传统的 B2B 付款模式，适合大额交易付款。

（3）优点：到账快，提现方便；安全，适合大额收款。

（4）缺点：需要买家先支付，对于信用问题要求严格；不适合小额收款。

二、西联汇款

西联汇款是西联国际汇款公司的简称，是世界上领先的特快汇款公司。客户可以在全球大多数国家的西联代理所在地汇出和提款。

（1）费用：西联汇款手续费由买家承担；需要买卖双方到当地银行实地操作；卖家未领取钱款时，买家可以将支付的资金做撤销操作。

（2）适用范围：1 万美元以下的小额支付。

（3）优点：收款迅速，几分钟即可到账；先付款后发货，以确保商家利益不受损失。

（4）缺点：先付款后发货，国外客户容易产生不信任感；小客户群，限制商家的交易量；交易数额比较大的，手续费高。

三、MoneyGram

MoneyGram（速汇金业务）是一种个人之间的环球快速汇款业务，可在较短时间内完成由汇款人到收款人的汇款过程，具有快捷便利的特点。速汇金是与西联相似的一家汇款机构，目前仅限于使用美元办理"速汇金"汇出业务。速汇金在国内的合作伙伴有中国银行、工商银行、交通银行和中信银行。

速汇金汇款是 MoneyGram 公司推出的一种快捷、简单、可靠的国际汇款方式，目前该公司在全球 150 个国家和地区拥有总数超过 5 万个的代理网点。收款人凭汇款人提供的编号即可收款。

（1）费率：单笔速汇金业务最高汇款金额不得超过 1 万美元（不含），每天每个汇款人的速汇金累计汇出最高限额为 2 万美元（不含）。

（2）优势：速汇金汇款在汇出后十几分钟即可到达收款人手中；在一定的汇款

金额内,汇款的费用相对较低,无中间行费用,无电报费;手续简单,汇款人无须选择复杂的汇款路径,收款人无须预先开立银行账户,即可实现资金划转。

(3)缺点:汇款人及收款人均必须是个人;必须是境外汇款;通过速汇金进行境外汇款必须符合国家外汇管理局对于个人外汇汇款的相关规定;客户如持现钞账户汇款,还需交纳一定的钞变汇手续费。国内目前有工商银行、交通银行和中信银行三家代理了速汇金收付款服务。

四、PayPal

PayPal 是全球支付行业先驱,特别是在北美地区具有垄断地位。PayPal 业务覆盖全球 202 个国家和地区,全球活跃用户接近 2 亿,通用货币涵盖加元、欧元、英镑、美元、日元、澳元等 25 个币种。

PayPal 的支付方式主要有"无磁无密""账户支付"两种。其中,"无磁无密"方式是用户绑定信用卡后,即可进行无密码消费。在进行交易时,双方都必须是 PayPal 用户,以此保障电子支付交易的安全。

(1)费率:PayPal 交易每笔收取交易总额 2.9%~3.9% 的手续费。

(2)费用:无开户费及月费。买家使用 PayPal 购买商品或服务无须支付费用,商家接收商品或服务付款(如在 eBay 上销售商品)将会产生费用。PayPal 的手续费有三种:交易手续费、货币兑换手续费和提现手续费。

① 交易手续费:只有在成功完成交易时才需支付交易手续费。当满足一定条件后,商家的月销售额越高,所需支付的手续费就越低。如果商家月度销售额达到 3 000 美元及以上,并且保持良好的账户记录,可以申请商家交易手续费费率优惠。申请通过后,便会根据商家的收款额每月自动调整适用手续费费率,并于次月生效。交易手续费费率如表 5-2 所示。

表 5-2 交易手续费费率表

项目	月销售额(美元)	费率
标准费率	3 000 及以下	4.4%+0.30 美元
优惠费率	3 000–10 000	3.9%+0.30 美元
	10 000–100 000	3.7%+0.30 美元
	100 000 以上	3.4%+0.30 美元

②货币兑换手续费：基于批发汇率加价 2.5%。

③提现手续费：费用根据银行账户所在地区以及提现方式的不同而不同。

提现手续费费用一览表

（3）适用范围：跨境电子商务零售行业，几十到几百美金的小额交易更划算。

（4）优点：国际付款通道满足了部分地区客户付款习惯；账户与账户之间产生交易的方式，可以买、可以卖，双方都拥有选择权；国际知名度较高，尤其受美国用户信赖。

（5）缺点：PayPal 用户消费者（买家）利益大于 PayPal 用户卖家（商户）的利益，双方权利不平衡；每笔交易除手续费外还需要支付交易处理费；账户容易被冻结，使商家利益受到损失。

五、CashPay

（1）费率：每笔收取交易总额 2.5% 的手续费。

（2）费用：无开户费及使用费；无提现手续费及附加费。

（3）优点：加快偿付速度（2~3 天），结算快；支持商城购物车通道集成；提供更多支付网关的选择，支持多币种提现。

（4）缺点：进入中国市场时间不长，国内知名度不高。

（5）安全性：有专门的风险控制防欺诈系统（Cashshield），并且一旦出现欺诈 100% 赔付；降低退款率，专注客户盈利，资料数据更安全。

（6）特点：安全、快速、费率合理、PCIDSS 规范，是一种多渠道集成的支付网关。

六、Payoneer

Payoneer 成立于 2005 年，总部设在美国纽约，是万事达卡组织授权的具有发卡资格的机构。Payoneer 为支付人群分布广而多的联盟提供简单、安全、快捷的转款服务。数千家联盟以及数百万收款人的加入使得 Payoneer 成为支付行业的领先者。Payoneer 的合作伙伴涉及的领域众多，并已将服务拓展到 210 多个国家，为全球客户提供美国银行/欧洲银行收款账户，用于接收欧美电商平台和企业的贸易款项。

Payoneer 完整的解决方案体系提供便捷、安全、低成本、高效率的支付方式，为各种规模的公司提供优越和节约成本的支付选择，包括预付借记卡、全球当地银行的汇款、电汇、移动支付、全球和当地的电子钱包以及当地货币支票。

（1）优点：便捷，使用中国身份证即可完成 Payoneer 账户在线注册，并可自动绑定美国银行账户和欧洲银行账户，像欧美企业一样接收欧美公司的汇款，并可通过 Payoneer 和中国支付公司的合作完成线上的外汇申报和结汇业务；便宜，电汇设置单笔封顶价，人民币结汇手续费最多不超过 2%。

（2）适用人群：客户群分布广的跨境电子商务网站或卖家，且单笔资金额度小。

七、信用卡收款

国际信用卡收款是在线支付的一种方式，是通过国际信用卡进行支付，跨境电子商务网站可通过与 VISA、MasterCard 等国际信用卡组织合作，或直接与海外银行合作，开通接收海外银行信用卡支付的端口。

（1）优点：欧美最流行的支付方式，信用卡的用户人群非常庞大。

（2）缺点：接入方式麻烦，需预存保证金，收费高昂，付款额度偏小；黑卡漫延，存在拒付风险。

（3）适用范围：从事跨境电子商务零售的平台和独立 B2C。目前国际上五大信用卡品牌为 VISA、MasterCard、American Express、JCB、Diners Club，其中前两个被国内客户广泛使用。

八、中国香港离岸公司银行账户

卖家通过在中国香港开设离岸银行账户，接收海外买家的汇款，再从香港地区账户汇往内地账户。

（1）优点：接收电汇无额度限制，不同货币可直接随意自由兑换。

（2）缺点：香港地区银行账户的钱需要转到内地账户。

（3）适用范围：传统国际贸易及跨境电子商务都适用，适合已有一定交易规模的卖家。

九、国际支付宝

国际支付宝由阿里巴巴与蚂蚁金融服务集团开发，是为了保护国际在线交易中买卖双方的交易安全所开设的一种服务。国际支付宝支持信用卡、银行汇款、第三方钱包等多种支付方式,线上支付直接到账;风控体系强大,可以全面保障卖家的交易安全。

5.1.3 跨境电子支付与外汇管理

跨境电子商务外汇支付业务,是指支付机构通过银行为小额电子商务(货物贸易或服务贸易)交易双方提供跨境互联网支付所涉的外汇资金集中收付及相关结售汇服务。

一、我国跨境电子商务及外汇支付交易发展现状

1. 跨境电子商务发展迅速

我国跨境电子商务和支付外汇交易起步较晚,近年来,由于一系列制度支持和改革创新,以及互联网基础设施的改善和全球性物流网络的建设,我国跨境交易规模日益扩大,跨境电子商务正在成为中国对外贸易增长的新动能。

为了加快跨境电子商务的发展,国务院在多个省、市、自治区设立了跨境电子商务综和试验区。同时,云计算、大数据、人工智能等技术在跨境贸易生产、物流和支付等环节得到广泛应用,大大提高了行业效率,再加上众多服务商群体的不断助推,我国跨境电子商务呈现蓬勃发展之势。

2. 跨境电子商务及支付将成为下一个蓝海

近年来,随着国人消费水平的不断提高,人们对网络购物、海外旅游和出国留学等需求日益旺盛,为此类需求服务的商户也在逐渐发展壮大,相关行业的发展进一步刺激了企业对于跨境支付服务的需求。同时,有关监管机构也在不断地出台政策来推动跨境电子商务及其相关行业的发展。

2018年,中国跨境出口电子商务市场规模超过7.9万亿元人民币,总体市场增长趋势保持稳定,2018年年度增长率超过10%。在跨境进口电子商务市场方面,虽然市场规模较小,但总体市场近4年的年度增长率均保持在30%以上,增长势头明显。跨境电子商务市场交易规模的持续增长,确保了相关企业对跨境支付服务的需求,而增速明显的跨境进口电子商务领域可能成为跨境支付新的蓝海市场。

3. 跨境电子支付结算方式多样化

从支付业务发展的现状来看,我国跨境电子支付结算方式已趋向多样化。跨境支付场景主要包括跨境转账汇款、跨境网络消费和境外线下消费。

跨境转账汇款主要有第三方支付平台、商业银行和专业汇款三种途径。跨境网络消费的途径较多，主要有第三方支付平台、信用卡在线支付、电子汇款、手机支付和固定电话支付等。境外线下消费方式主要有信用卡刷卡、借记卡刷卡、外币现金和人民币现金。

二、我国跨境电子商务支付业务存在的问题

我国跨境电子商务与外汇支付业务虽然发展迅速，但存在管理方面的缺陷，需要继续完善。这种管理缺陷与问题主要表现在政策和操作两个方面。

1. 政策层面的管理问题

（1）跨境电子商务交易管理的归属问题。

通过对电子商务交易形式的分析，我们可以发现纯粹的电子商务交易很大程度上都从属于服务贸易范畴。国际上普遍认可电子商务交易归入 GATS（General Agreement on Trade in Services，简称 GATS，服务贸易总协定）的规则中按服务贸易进行管理，而只有订单、合同等是通过电子商务方式完成的，其他经由传统的运输方式被运送到购买人所在地的情况，通常属于货物贸易范畴，在管理范畴上属于 GATT（General Agreement on Tariffs and Trade，简称 GATT，关税及贸易总协定）。此外，国际上对既非明显服务贸易也非明显货物贸易的电子商务交易，归属服务贸易或货物贸易仍存在一定分歧。

（2）对交易主体缺乏市场准入规范管理。

我国跨境电子商务及支付业务管理在交易主体市场准入上，还缺乏市场准入规范管理。跨境电子商务及支付业务已经遍布各个国家和地区，这种现象导致数据平台成为经济金融信息和资金链的日益集中地。交易主体除了不能出现资金缺乏和违规经营、信用危机外，还不能出现任何的系统故障、信息泄露等问题，否则就很可能会导致客户外汇资金风险的发生。所以，我国需要加强对跨境电子商务及支付业务参与主体的市场准入规范管理。

（3）在外汇管理与监管上支付机构的职责不够明确。

我国跨境电子商务及支付业务管理体系中存在的问题是：一方面在跨境外汇收支管理中，支付机构不仅承担了部分外汇政策执行工作，还承担了一定的管理职责，身兼两职；另一方面，支付机构与金融机构不同，属于支付清算组织的一种，但在此类非金融机构所提供的跨境外汇收支服务的管理与职能定位上，国家外汇管理局还没有明确的法规和制度。

2. 操作层面的管理问题

（1）交易的真实性难以审核。

在经济全球化的大环境及政策红利下，越来越多的企业参与到跨境电商中来。大多数跨境网络交易都是在第三方支付平台上进行的，跨境网络交易资金的转移难以获取真实的交易性质信息，已成为外汇收支检测的难点，加之业务主体庞大，给我国跨境电子商务和外汇业务管理系统的运行带来了巨大的压力。

（2）国际收支申报存在难度。

对于单笔交易金额较小的商品，出口货物的时候不报关，没有海关的出关数据，外汇管理部门无法核实货物的实际出口情况，且大部分交易在海关系统中无电子交易记录，特别是跨境的虚拟商品交易，因此无法实现结汇。外汇收支的性质难以归属，交易的性质难以确定，许多资本流动不受监督，易造成结售汇统计数据失真，国际收支统计难以申报，影响申报数据的真实性。

（3）外汇备付金账户管理存在缺失。

《非金融机构支付服务管理办法》明确规定，当支付机构接受客户备付金时，需要开立备付金专用存款账户，但管理办法中却没有规定备付金账户收支范围。外汇备付金管理问题在跨境电子商务的不断发展下已经日益凸显，但在外汇备付金管理方面国内目前还是缺乏明确的规定。

三、我国跨境电子商务及支付业务外汇管理体系的对策

1. 政策层面的管理对策

（1）明确我国跨境电子商务交易的业务范围。

我国外汇管理体制要求明确跨境电子商务交易的业务范围及开放顺序，方便展开外汇管理工作。跨境电子商务及支付有自身的先后顺序，即货物贸易、服务贸易和虚拟交易，我国跨境电子商务及支付需要遵循这样的顺序。已经提供跨境支付服务的电子支付机构，在管理过程中也有一定的先后原则，即先对境内机构进行开放，

后对国外支付机构慎重开放，同时还应该注意对跨境货物贸易和服务贸易外汇收支范围加以限制。

（2）严格市场准入制度，提高审核条件。

支付机构应当具备相关支付业务的合法资质，具有开展外汇业务的内部管理制度和相应技术条件，具备申请外汇业务的必要性和可行性，具有交易真实性、合法性审核能力和风险控制能力，具备至少5名熟悉外汇业务的人员（其中一名为外汇业务负责人）。

支付机构应与已接入个人外汇业务系统并开通相关联机接口的银行合作，通过合作银行办理相关外汇业务。原则上，支付机构应根据外汇业务规模选取不超过2家银行开展合作。

（3）建立、健全市场交易主体管理制度。

对跨境电子商务主体建立资格核准制度，支付机构应尽职审核市场交易主体的真实性、合法性，并定期核验更新，相关资料（含电子影像等）留存5年备查。审核的市场主体信息原则上包括但不限于名称、国别、有效证件号码、联系方式等可校验身份的信息。

支付机构应区分电子商务经营者和消费者，对市场交易主体进行管理，建立、健全市场交易主体管理制度。市场交易主体为境外主体的，支付机构应对其身份进行分类标识，相关外汇业务按现行有关规定办理。

支付机构应建立市场交易主体负面清单管理制度，将拒绝服务的市场交易主体列入负面清单，并每月将负面清单及其拒绝服务的原因报合作银行，相关材料留存5年备查。

（4）提高监管力度。

支付机构注册地与经营地外汇管理部门应加强监督协管，所有相关工作人员应各司其职，在监管格局上应形成多方监管、互为监督的氛围。

支付机构有下列情形之一的，外汇局可对其实施风险提示、责令整改、调整大额收支交易报告要求等措施：

①外汇业务管理制度和政策落实存在问题；

② 交易真实性、合法性审核能力不足；

③ 外汇备付金管理存在风险隐患；

④ 不配合合作银行审核、核查；

⑤ 频繁变更外汇业务高级管理人员；

⑥ 其他可能危及支付机构稳健运行、损害客户合法权益或危害外汇市场的情形。

银行有下列情形之一的，外汇局应责令其整改：

① 审核支付机构外汇业务真实合规性能力不足；

② 外汇备付金账户管理存在风险隐患；

③ 发现异常情况未督促支付机构改正；

④ 支付机构外汇业务出现重大违规或纵容支付机构开展违规交易；

⑤ 其他可能损害客户合法权益或危害外汇市场的情形。

2. 操作层面的管理对策

（1）对跨境电子商务外汇收支数据进行有效统计和监测。

支付机构应制定交易信息采集制度，按照真实、可跟踪稽核、不可篡改原则采集交易信息，确保交易信息来源客观、可信、合法。交易信息原则上应包括商品或服务名称及种类、数量、交易币种、金额、交易双方及国别、订单时间等必要信息。

支付机构应建立交易信息验证及抽查机制，通过适当方式对采集的交易信息进行持续随机验证，可通过物流等信息进行辅助验证，相关资料留存 5 年备查。

支付机构为市场交易主体提供外汇服务时，应确保资金收付与交易在主体、项目、金额等方面一致，另有规定的除外。

对于违规风险较高的交易，支付机构应要求市场交易主体提供相关单证材料。不能确认交易真实合规的，应拒绝办理，相关材料留存 5 年备查。

支付机构外汇业务的单笔交易金额原则上不得超过等值 5 万美元。对于有真实、合法超限额需求的，支付机构应按照流程向注册地分局提出登记变更申请。

支付机构应通过合作银行为市场交易主体办理结售汇及相关资金收付服务，并按照本办法要求实现交易信息的逐笔还原，除退款外不得办理轧差结算。支付机构应在收到资金之日（T）后的第 1 个工作日（T+1）内完成结售汇业务办理。

消费者可用人民币或自有外汇进行支付。消费者向支付机构划转外汇时，应向外汇划出银行提供包含有交易金额、支付机构名称等信息的交易真实性材料。外汇划出银行核对支付机构账户名称和金额后办理，并在交易附言中注明"支付机构外汇支付划转"。

支付机构应事前与市场交易主体就汇率标价、手续费、清算时间、汇兑损益等达成协议。支付机构应向市场交易主体明示合作银行提供的汇率标价，不得擅自调整汇率标价，不得利用汇率价差非法牟利。

支付机构应建立健全外汇业务风控制度和技术系统，设立外汇业务合规管理岗位，并对制度和技术系统进行持续评估完善。

合作银行应对支付机构外汇业务的真实性、合规性进行合理审核，建立业务抽查机制，随机抽查部分业务，并留存相关材料5年备查。

合作银行可要求支付机构及交易相关方就可疑交易提供真实合法的单证材料。不能确认交易真实、合法的，合作银行应拒绝办理。支付机构不配合合作银行审核或抽查，合作银行应拒绝为其办理外汇业务。

（2）业务操作中明确规范国际收支统计申报主体和申报方式。

支付机构应根据《支付机构外汇业务管理办法》要求报送相关业务数据和信息，并保证数据的及时性、准确性、完整性和一致性。

支付机构应按照《通过银行进行国际收支统计申报业务实施细则》《通过银行进行国际收支统计申报业务指引（2016年版）》等国际收支申报相关规定，在跨境交易环节（即实际涉外收付款项时）对两类数据进行间接申报：一类是集中收付或轧差净额结算时支付机构的实际涉外收付款数据；另一类是逐笔还原集中收付或轧差净额结算前境内实际收付款机构或个人的原始收付款数据。

支付机构应按现行结售汇管理规定，在规定时间提供通过合作银行办理的逐笔购汇或结汇信息，合作银行应按照现行规定报送结售汇统计报表。个人项下结售汇业务，合作银行应根据支付机构的数据，在办理结售汇之日（T）后的第1个工作日（T+1）内对于单笔金额等值500美元（含）以下的区分币种和交易性质汇总后以支付机构名义逐笔录入个人外汇业务系统；对于单笔金额等值500美元以上的逐笔录入个人外汇业务系统。支付机构外汇业务项下的个人结售汇不计入个人年度结售汇便利化额度。

支付机构应妥善保存办理外汇业务产生的各类信息。客户登记有效期内应持续保存，客户销户后，相关材料和数据至少保存 5 年。

支付机构应通过支付机构跨境支付业务报表系统于每月 10 日前向注册地分局报送客户外汇收支业务金额、笔数、外汇备付金余额等数据，并对每月累计外汇收支总额超过等值 20 万美元的及单笔交易金额超过等值 5 万美元的客户交易情况报送大额收支交易报告，如发现异常或高风险交易，应在采取相应措施后及时向合作银行及注册地分局报告。

（3）规范外汇备付金管理。

我国跨境电子商务及外汇支付业务管理应对外汇备付金管理进行规范，明确规定电子支付机构通过外汇备付金专户收取外汇备付金，同时严格规范外汇备付金专户以外的外汇收支范围，还应在外汇账户非现场监管体系中纳入专户发生的外汇收支数据，以便更好地进行监测。

在经济全球化和信息化的时代背景下，跨境电子商务及支付产业已经日渐成为我国企业对国际市场进行开拓的重要方式。电子商务平台的建设和完善极大地促进了我国企业海外营销渠道的拓展，为企业商品、服务贸易及后续服务提供了一站式流程，节约了企业的经营成本。同时需要更加注重我国跨境电子商务及外汇支付业务管理体系的构建，只有具备了完善的外汇业务管理体系，才能提高其管理水平，提升其管理效率，使我国跨境电子商务及支付更加健康有序地发展。

5.2 支付风险与防范

5.2.1 跨境电子支付风险

网络经济是一种虚拟的经济形态，需要在虚拟空间完成物权和资金的转移，交易者无法确切知道另一方的真实信息和身份。在交易过程中，商品和资金的流动在时间和空间上也会存在不对称情况，导致了双方的不安全感以及对支付服务供应商可能存在欺诈的担心。

对买方而言，主要是面临虚假信息、骗取订单。用虚假的促销让利吸引消费者，创造点击率扩大商业影响力，从而赚取利益；卖方不履行服务承诺，买方付款后，未能按约定的送货时间、方式提供服务或收不到货物。

对卖方而言，主要是虚假交易和交易欺诈。买方在电商平台上注册虚假信息、恶意退货，卖方为了店铺信誉不得不接受退货，还需要承担运费的损失。

由于跨境电子支付涉及国内、国外的法律法规、业务操作、社会环境等各方面的不一致性，金融消费者面临的风险较大，主要有以下三方面的风险。

一、系统性风险

1. 操作的短板

跨境电子支付依赖于交易系统的安全性。跨境电子商务结算的核心是提供支付服务，产业链中的任何一个环节出现安全隐患，都可能转移到支付服务供应商。由于跨境电子支付涉及国内与国外的资金结算，若操作系统受到不良因素的干扰或者出现其他故障，金融消费者将遭受信息被泄露、账户信息发生错误等后果，其正常的金融交易将受到影响。

2. 信息泄露

随着网络技术的发展，提供支付服务的供应商需要不断地对技术进行提升并实时监控，对各种纠纷进行应急处理。支付系统掌握了大量的用户数据，这些数据都属于用户的隐私，会影响到用户的人身和财产安全。国家应对数据的采集、加密、存储、查询、使用、备份等环节出台严格的制度规范或行业标准，以确保用户信息不被非授权收集和使用。

二、法律风险

跨境电子支付服务是一种涉外民事法律关系，因不同国家在电子支付方面的法律法规有所不同，且国际经济合作与发展组织在《经合组织关于电子商务中消费者保护指南的建议》中对跨境电子支付纠纷的管辖、法律适用及救济途径等问题尚未达成一致，目前仅依靠冲突法中的一般原则来解决纠纷，跨境金融消费者的求偿求助权在一定程度上难以得到切实的法律保障。

目前，我国尚缺乏对支付结算组织机构的法律规定，组织形式、准入/退出标准、风控机制、所承担的责任等尚没有明晰的法规界定。由于支付环节涉及不同国家，国际法规的订立、法律冲突的解决也显得至关重要。总体来看，法律法规的制定必然滞后于跨境电子商务及线上支付和结算的发展。

三、市场风险

跨境电子支付受外汇汇率影响较大，国外结算机构的相关运营状况和数据对电子支付的最终结果也有一定的影响，因此跨境电子支付存在一定的市场风险。

5.2.2 跨境电子支付风险防范

为了更好地支持跨境电子商务和电子支付业务的发展，我国将网络跨境外汇资金纳入监管体系，由外汇管理部门制定统一的管理体系，对第三方支付企业的代理结汇购汇的资格、真实性审核职责、外汇收支统计等方面做出统一明确的管理规定。

一、建立出口信用保险机制

建立出口信用保险机制，鼓励跨境物流企业或商业保险公司向市场提供相关保险产品。设立专项基金补贴承保企业，通过降低其市场价格的形式提高电商企业对出口信用保险的接受度。针对不同国家的特点定制若干款保险产品，在缓解和防范跨境物流风险的同时，促进跨境电子商务业务量的增长，从而推动跨境物流体系的完善。

二、建立跨境电子商务信用体系

互联网时代的到来，使得平台上累积的商业数据成为商业信用最有力的证明，因此，建立一个以平台数据为基础的新型网上贸易信用体系，使交易各方能够更方便地了解彼此的信用程度，从而增加贸易渠道的选择余地。

三、健全跨境支付行业法规

国家相关部门应健全跨境支付行业的法律法规，定期或不定期对第三方支付机构进行审查，同时制定科学的监管方案，对支付机构进行监管，并建立联动的信息申报平台，使得第三方支付机构、海关、工商和税务部门能够同时共享数据，从而提高对跨境交易监测的效率和及时性。

四、加大网络科技投入

国家应继续加大网络科技投入。一是完善识别、监测、查询系统功能。随着业务的发展，应不断完善客户身份识别、大额和可疑交易监测、客户信息和交易记录查询系统的功能，以支持先进的生物识别方式、监测新型洗钱类型、回溯已完成的交易记录等业务。二是提高安全、保密技术水平。继续研发、更新智能防火墙和加密、反病毒等网络信息安全技术，加强管理，防止缺损、泄露客户信息和交易数据，建立回溯性分析机制，确保已支付的交易能够完整、真实、及时的重现。

本章小结

本章通过介绍电子支付概况，让读者对跨境电子商务支付有了全面的了解，分析讲解外汇管理的现状及问题，并重点分析了跨境电子商务支付方式存在的风险问题，也提出了相关的解决方法，以期跨境电子商务支付体系不断完善。

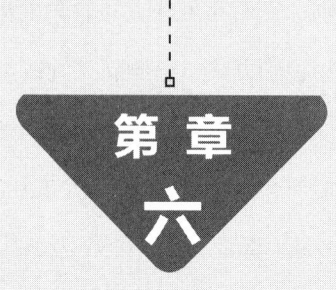

第六章

跨境电子商务物流

跨境电子商务物流为跨国经营和对外贸易服务，使各国物流系统相互"接轨"，因而与国内物流系统相比，具有国际性、复杂性和风险性等特点。随着跨境电子商务全球化进程的飞速发展，国际物流已成为跨境电子商务中的重要组成部分。国际物流运输渠道的不断成熟和多元化，也对跨境电子商务的物流应用和发展起到了推动作用。

对于平台店铺来说，国际物流是一个至关重要的角色，它不仅关系到新老客户的购物体验是否良好，也关系到卖家在客户和平台中的信誉度。卖家在接到海外客户订单后，所选择的物流方式，既要保证货物在承诺时间范围内运达，又要减少或避免因物流引起的差评、纠纷。

知识目标

1. 认识跨境电子商务物流分类；

2. 了解国际物流的优、劣势；

3. 了解海外仓；

4. 了解国际物流网规。

能力目标

1. 掌握不同物流运费的计算方法；

2. 能够根据实际情况选择合适的物流。

6.1 跨境电子商务物流概况

随着跨境电子商务全球化进程的加快，跨境电子商务与国际物流之间相互影响、相互制约的关系已经成为一个新的课题。跨境电子商务的飞速发展必然为国际物流的发展提供新的契机，并将物流业水平提升到前所未有的高度；而国际物流作为跨境电子商务中重要的组成部分之一，两者之间有着相互影响、相互促进、相互制约、共同发展的关系。

阅读材料

跨境电子商务物流与传统物流的差异性

无论是跨境电子商务的国际物流还是传统物流，都是在一定可控的成本下基于对物品的实体流动过程，这是两者的共同点。但是跨境电子商务对物流的具体要求又不同于传统物流，两者的差异性体现在：

（1）物流运营模式不同。跨境电子商务"多品种、小批量、多批次、短周期"的运营模式，对物流的敏捷性和柔性提出了更高的要求，跨境电子商务网上交易后对物流信息的更新强调了库存商品快速分拣配送的原则，而多元化的物流渠道的选择也符合跨境电子商务对国际物流的柔性需求；而传统的商业模式"少品种、大批量、少批次、长周期"的运营模式，决定了传统物流的固化性和单一性。

（2）物流功能性的附加价值不同。对于跨境电子商务商家来说，国际物流不仅仅只是运输的功能，终端客户的商品体验也包括了国际物流的时效体验，甚至国际物流的成本决定了商品的竞争优势；而传统物流除了运输的功能以外，附加价值体现并不明显。

（3）资源整合能力不同。跨境电子商务国际物流强调整合化和全球化，而传统物流强调的是"门到门，点对点"。

（4）物流服务方式不同。跨境电子商务的国际物流是主动服务，传统物流是被动服务。前者是商品、物流、信息流、资金流的统一，交易完成后主动把物流信息发送给客户，并实时监控货物直到完成投递；后者只是完成物品的运输，信息流往往在货物送达以后才发生。

（5）智能化程度不同。跨境电子商务国际物流注重 IT 系统化、信息智能化。在跨境电子商务的推动下，以信息技术为核心，对国际物流全过程进行优化。现在各大国际物流服务商致力于开发技术领先的物流 ERP 系统，以期提供更全面、更简单的物流信息操作模式，实现跨境电子商务网上购物的一体化与智能化。传统物流在这方面望尘莫及。

6.1.1 跨境电子商务物流的概念与特征

跨境电子商务国际物流是指网上平台销售的物品从供应地到不同国家地域范围接收地的实体流动过程，包括了国际运输、包装配送、信息处理等环节。

一、跨境电子商务与国际物流的关系

跨境电子商务进入 3.0 时代后，国际物流已经成为影响跨境电子商务发展的重要因素之一。

1. 跨境电子商务与国际物流两者相互促进

跨境电子商务要求国际物流进行多元化的渠道整合，提供全球化的高效服务，并且对国际物流作业效率的系统性和智能性提出了标准化的要求。高效的国际物流体系为跨境电子商务带来了更低的物流成本和更好的物流体验，国际物流的全球化也促进了跨境电子商务市场的发展。

2. 跨境电子商务和国际物流两者相互依存

国际物流是跨境电子商务活动运作过程的重要保障，整个跨境电子商务活动都需要国际物流来完成，不同的交易方式会产生不同的物流模式。在跨境电子商务企业的成本中，采购成本、人工成本、物流成本占据了很大比例，如果没有多元化的国际物流体系为跨境电子商务服务，则会加大物流成本。所以跨境电子商务与国际物流不仅仅是相互促进、相互制约的关系，更重要的是相互依存的关系。

二、跨境电子商务物流的特征

随着跨境电子商务的高速发展，适应跨境电子商务需求的各种类型的国际物流服务衍生出来。区别于传统物流，跨境电子商务物流强调了以下几个特征：

（1）物流速度反应快速化。

跨境电子商务要求国际物流上下游的物流配送需求反应速度必须非常迅捷，前置时间和配送间隔越来越短，商品周转和物流配送时效越来越快。

（2）物流功能的集成化。

跨境电子商务将国际物流与供应链的其他环节进行集成，包括物流渠道与商品渠道的集成、各种类型的物流渠道之间的集成、物流环节与物流功能的集成等。

（3）物流作业的规范化。

跨境电子商务物流强调作业流程的标准化，包括物流订单处理模板、物流渠道的管理标准等，使复杂的物流作业流程变成简单、可量化、可考核的物流操作方式。

（4）物流信息的电子化。

跨境电子商务物流强调订单处理、信息处理的系统化和电子化，用 ERP 信息系统功能完成标准化的物流订单处理和物流仓储管理模式。通过 ERP 信息系统对物流渠道的成本、时效、安全性进行有效的 KPI 考核，以及对物流仓储管理过程中的库存积压、商品延迟到货、物流配送不及时等进行有效的风险控制。

6.1.2 跨境电子商务物流的发展现状与问题

一、跨境电子商务物流发展现状

1. 邮政小包

邮政小包又叫中国邮政航空小包，是中国邮政开展的一项限重 2 千克的国际邮政小包业务服务，属于邮政航空小包的范畴，是一项经济实惠的国际快件服务。邮政小包可寄达全球 230 多个国家和地区的邮政网点。邮政小包有挂号与平邮之分，挂号小包可全程跟踪，平邮小包不提供跟踪信息服务。

受到我国跨境电子商务发展层次的影响，我国为跨境电子商务提供专业物流支持的企业相对较少，目前跨境电子商务物流业务主要由邮政物流承担。在国家的大力支持下，邮政网络已经覆盖了全球绝大部分国家或地区。根据我国邮政部门发布的数据显示，目前邮政小包能够到达的国家或地区已经超过 230 个。由于邮政小包向消费者提供的国际货运业务收费相对低廉，所以很多电商企业在进行跨国物流运输的过程中，一般会选择邮政小包的模式。但这种模式也存在一定的不足，主要表现为货物运输的速度较慢，单个小包的质量与体积受到较为严格的限制，丢包率相对较高等，并且有重量限制。

2. 国际快递

由于邮政小包的整体运输效率较低，因此作为邮政小包的补充，国际快递的物流模式也逐步发展起来。国际快递主要由 DHL、TNT、UPS 和 FedEx 这四家大型快递公司经营。这四家快递公司在全球已经形成较为完善的物流体系，几乎覆盖全球的各个重点区域，其物流模式主要依托于统一的信息化平台操作，优点在于货物运输时间较短，能够向消费者提供实时的物流信息，货物在运输过程中的丢包率较低。国际快递速度较快，但运费价格昂贵。

3. 专线物流

在国际物流中，专线物流也是较为常见的模式。这种物流模式采取的是"包舱运输"方式，即集中一大批货物在统一的时间内包下飞机进行专门运输。这种专线物流对于短时间内发货量较大、发货目的地较为集中的跨境电子商务企业而言，是一种合适的物流方式。专线物流的成本、费用以及包裹的损坏率均居于邮政物流和国际快递两种模式之间。

4. 物流模式的选择

物流模式的选择直接影响了跨境电商的客户体验、风险和成本控制。只有信息化、专业化和集约化的现代物流模式才能更好地支持跨境电子商务的发展。

在物流模式的选择上应考虑以下因素：

（1）充分考虑商品的性能。在安全性、效率、成本等各个方面进行综合评估后，选择合适的物流模式。

（2）根据产品的市场销售阶段不同灵活选择物流模式。例如在商品淡季时选择价位较低的邮政小包，旺季时选择国际快递等。

二、跨境电子商务物流发展中存在的问题

在整个跨境电子商务交易环节中，除了跨境电商平台，还涉及支付机构、国内物流企业、海关部门、国外物流企业等多个环节，尤其是物流时效，是关系到消费者对跨境电子商务平台使用体验非常重要的一个环节。因此，在跨境电子商务市场不断壮大，竞争越来越激烈的前提下，跨境物流也面临着巨大的挑战。

1. 跨境电子商务物流企业的信息不对称

由于国内外政策差异、语言、风俗习惯、政策法规、汇率的不同，使得在跨境物流过程中出现信息获取不畅的情况。跨境物流是一个产业链条，讲究的是协同合作，一旦信息对接出现问题，会减慢物流配送速度，出现无法追踪到物流的情况，还极容易出现丢包现象。目前，物流包裹在中国境内一般可以追踪到大体位置，但一旦转运到其他国家，由于种种原因的限制，很容易出现无法追踪到包裹具体位置的情况，尤其在一些发展中国家和小语种国家。

总的来说，跨境物流对于时效性要求高，这就要求物流企业投入更多的精力去建立更加完善的信息系统。

2. 供应链模式下整合规划能力不足

跨境物流已经超越简单的仓运配服务，其服务链条更长，需要物流与供应链全流程的优化整合设计能力，这正是跨境物流企业急需补充的专业短板。另外，需要考虑与本土化企业的生态联动，避免成为物流孤岛；要建立当地的落地配网络，避免物流的单向繁荣；要形成双向对流的物流渠道。

当前跨境物流的形式多样，包括国际邮政小包、国际快递、专线物流、海外仓等。因而跨境物流的发展需要考虑整个供应链的物流需求，不能只考虑单一环节，只有建立丰富多样的物流配送体系才能够让不同层次的卖家根据需求选择对应的配送方式，从而促进跨境电子商务市场进一步发展。

6.1.3 国际物流网规认识

跨境电子商务物流企业除了需要了解各种常用的国际物流知识外,还需要对国际物流网规有一定的认识,避免因触犯规定而受到处罚。

以全球速卖通平台为例,国际物流网规主要包括以下几个方面:

(1)全球速卖通只支持卖家使用航空物流方式,支持的物流方式包括 UPS、DHL、FedEx、TNT、EMS、顺丰、中国邮政、中国香港邮政航空包裹服务及全球速卖通日后指定的其他物流方式。

(2)卖家发货所选用的物流方式必须是买家所选择的物流方式,未经买家同意,不得无故更改物流方式。虽然卖家出于好意要更改更快的物流方式,但仍需获得买家同意,以免后续产生纠纷风险。

(3)卖家填写发货通知时,所填写的运单号必须真实并可查询。

(4)卖家如果以航空小包方式发货,必须进行挂号。

(5)过去 30 天内的小包"未收到货"纠纷≥2 笔且小包"未收到货"纠纷率>15% 的卖家会员,全球速卖通有权限制卖家使用航空大小包。

(6)卖家需要谨慎选择物流发货渠道,平台鼓励卖家选择全球速卖通提供的线上发货物流渠道。全球速卖通认可的物流跟踪信息包括线上发货物流跟踪信息、各国邮政官网、UPS 官网、DHL 官网、FedEx 官网、TNT 官网、Toll 官网、EMS 官网、顺丰官网提供的物流跟踪信息。对于无法核实真伪的物流跟踪信息,全球速卖通有权不予认可。

6.2 邮政包裹模式

6.2.1 EMS

EMS(Express Mail Service)是中国邮政速递物流股份有限公司(以下简称邮政速递物流)与各国(地区)邮政合作开办的中国与其他国家之间寄递特快专递邮件的一项服务。EMS 可为用户快速传递各类文件资料和物品至全球,同时提供多种形式的邮件跟踪查询服务。该业务与各国(地区)邮政、海关、航空等部门紧密合作,打通绿色便利邮寄通道。

一、EMS 的资费标准

EMS 国际快递的资费标准请参考网站 http://www.ems.com.cn，不同分区不同折扣，卖家也可以与当地邮政或货代公司协商。

二、EMS 的参考时限

EMS 官方参考时限可查询网站 http://www.ems.com.cn/index.html。

三、EMS 跟踪查询

卖家可登录 EMS 邮政物流官网查询相应的收寄、跟踪信息。

四、EMS 体积和重量限制

EMS 的体积、重量限制参考网站 http://www.ems.com.cn，此处不再赘述。

五、禁限寄物品

（1）枪支（含仿制品、主要零部件）弹药。

（2）管制器具。

（3）爆炸物品。

（4）压缩和液化气体及其容器。

（5）易燃液体、易燃固体、自燃物质、遇水易燃物质。

（6）氧化剂和过氧化物。

（7）毒性物质、生化制品、传染性、感染性物质。

（8）放射性物质。

（9）腐蚀性物质。

（10）毒品及吸毒工具、非正当用途麻醉药品和精神药品、非正当用途的易制毒化学品。

（11）非法出版物、印刷品、音像制品等宣传品。

（12）非法伪造物品。

（13）濒危野生动物及其制品。

（14）禁止进出境物品。

（15）其他物品。

六、EMS 的优、劣势总结

1. EMS 的优势

（1）邮政的投递网络强大，覆盖面广，可到达全球 220 多个国家和地区。

（2）邮寄品类广泛，可邮寄食品、药品、私人物品等，能满足客户多样化的国际快递邮寄需求。

（3）通关能力强，由万国邮联管理，依托邮政系统清关，清关查验率低，效率高。

（4）无海外退件费，货物到达目的地国清关失败或者是派送失败需要退回时，可以免费寄回国内。

2. EMS 的劣势

（1）因为派送网络较大，时效性会偏慢一些。

（2）赔偿周期长，发生丢件、货损等情况，索赔过程比较烦琐，确定赔偿后赔偿周期较长。

（3）查询网站信息滞后，后续查询、处理问题不方便，如果网站上的信息停止，只能进行书面查询。

6.2.2 ePacket

ePacket（EUB）俗称 e 邮宝，是邮政速递物流为适应跨境电商轻小件物品寄递需要推出的经济型国际速递业务，利用邮政渠道清关，进入合作邮政轻小件网络投递。目前，ePacket 物流可以发往美国、澳大利亚、英国、加拿大、法国、俄罗斯、巴西等 39 个国家和地区。

一、ePacket 的资费标准

ePacket 的资费参考网站为 http://shipping.ems.com.cn/index。

二、ePacket 的参考时限

需要注意的是中国邮政对 ePacket 业务没有承诺时限。

三、ePacket 的跟踪查询

e 邮宝提供收寄、出口封发、进口接收实时跟踪查询信息，不提供签收信息，只提供投递确认信息。客户可以通过 EMS 网站（http://shipping.ems.com.cn/index）或拨打客服热线（11183），以及寄达国邮政网站查看邮件跟踪信息。

需要注意的是，ePacket 不适合邮寄高价值的商品，主要是因为 ePacket 业务暂不提供邮件的丢失延误、损毁补偿、查验等附加服务。对于无法投递或收件人拒收的邮件，提供集中退回服务。

四、ePacket 的体积和重量限制

（1）单件邮件最高限重 2 千克。

（2）最大尺寸：单件邮件长、宽、高合计不超过 90 厘米，最长一边不超过 60 厘米。圆卷邮件直径的两倍和长度合计不超过 104 厘米，长度不超过 90 厘米。

（3）最小尺寸：单件邮件长度不小于 14 厘米，宽度不小于 11 厘米。圆卷邮件直径的两倍和长度合计不小于 17 厘米，长度不小于 11 厘米。

6.2.3 中国邮政航空大小包

一、中国邮政航空大包

中国邮政航空大包（China Post Air Parcel）俗称"航空大包"或"中邮大包"。中邮大包可寄达全球 200 多个国家，价格低廉、清关能力强，对时效性要求不高且稍重的货物，可选择使用此方式发货。中国邮政大包除了航空大包外，还包括水陆运输、空运、陆路运输的大包，本书所提及的"中邮大包"仅指航空大包。

1. 中邮大包的资费标准、体积和重量限制

中邮大包的相关资费以及体积和重量的限制，根据运输物品的重量及目的国家而有所不同，具体可参考其官网。

2. 中邮大包的跟踪查询

查询网站：http://yjcx.chinapost.com.cn/qps/yjcx。

3. 中邮大包的优劣势

（1）中邮大包的优势。

① 费用低。价格比 EMS 稍低，且和 EMS 一样不计算体积重量，没有偏远附加费，相对于其他运输方式（如 EMS、DHL、UPS、FedEx、TNT 等）来说，中国邮政航空大包服务有较好的价格优势。采用此种发货方式可以最大限度地降低成本，提升

价格竞争力。

② 交寄相对方便，可以到达全球各地，只要有邮局的地方都可以到达，清关能力非常强。

（2）中邮大包的劣势。

① 部分国家限重 10 千克，最多也只能邮寄不超过 30 千克的物品。

② 投递速度慢。

③ 查询信息更新慢。

二、中国邮政航空小包

中国邮政航空小包（China Post Air Mail）俗称"中邮小包""邮政小包""航空小包"，是指包裹重量在 2 千克以内，外包装长、宽、高之和小于 90 厘米，且最长边小于 60 厘米，通过邮政航空服务寄往国外的小邮包。它包含挂号、平邮两种服务，可寄达全球各个邮政网点。挂号服务费用稍高，可提供网上跟踪查询服务。中国邮政航空小包出关不会产生关税或清关费用，但在目的地国家进口时有可能产生进口关税，具体根据每个国家海关税法的规定而各有不同。

1. 中邮小包的资费标准、体积和重量限制

中邮小包的资费标准根据运输物品的重量及目的国家而有所不同。

中邮小包的体积限制如下：

（1）非圆筒货物最大规格：外包装长、宽、高之和小于 90 厘米，且最长边小于 60 厘米。

（2）非圆筒货物最小规格：单件邮件长度不小于 17 厘米，宽度不小于 10 厘米。

（3）圆筒货物：直径的两倍和长度合计不小于 17 厘米，不超过 104 厘米；长度应大于 10 厘米，不得超过 90 厘米。

中邮小包邮寄物品的重量不能超过 2 千克（阿富汗除外）。

2. 中邮小包的参考时效

中国邮政并未对中邮小包寄递时限进行承诺。

3. 中邮小包的跟踪查询

平邮小包不受理查询；挂号小包大部分国家可全程跟踪，部分国家只能查询到

签收信息，部分国家不提供信息跟踪服务。

挂号小包查询网址如下：

（1）可登录以下网站进行查询：

中国邮政官方网站：http://yjcx.chinapost.com.cn/qps/yjcx。

中国邮政跨境电商信息服务平台：https://4pl.routdata.com/web/index。

（2）可登录第三方网站进行查询：

一起跟踪网：https://www.17track.net/zh-cn。

快递100：https://www.kuaidi100.com/all/yzgn.shtml。

Trackingmore：https://www.trackingmore.com/cn.html。

对于以上网站未能展示出的信息，比如境外邮政的接收、投递信息等，卖家也可以尝试登录不同国家邮政的网站进行查询。

4. 中邮小包的优劣势

（1）中邮小包的优势。

① 价格便宜，中邮小包相对于其他运输方式如商业快递来说有绝对的价格优势。

② 运输范围广，中邮小包几乎可以将货物送达全球任何一个国家或地区的客户手中（极少数国家和地区除外），只要有邮局的地方都可以到达，大大扩展了外贸卖家的市场空间。

③ 通关能力强，中邮小包由中国邮政系统清关，享有海关航空等优先处理权。

（2）中邮小包的劣势。

① 限重2千克，如果卖家的包裹超出2千克就要分成多个包裹邮寄，或选择其他物流方式。

② 一般以私人包裹方式出境，不便于海关统计，也无法享受正常的出口退税。同时速度较慢、丢包率较高。

③ 运送的时间总体比较长，一般需要5～30个工作日。

④ 平邮小包不受理查询，挂号小包大部分国家可全程跟踪，部分国家只能查询到签收信息，卖家不提供信息跟踪服务。

5. 中邮小包通关的注意事项

中邮小包属于性价比较高的物流方式，适合寄递物品重量较轻、量大、价格要求实惠，而且对于时限和查询要求不高的商品。

限值规定：海关规定，对寄自或寄往中国港澳地区和国外的个人物品，每次允许进出境的限值分别为人民币 800 元和 1 000 元；对超出限值部分，属于单一不可分割且经海关审核确属个人自用的，可以按照个人物品规定办理通关。中邮小包属于民用包裹，并不属于商业快递，海关对个人邮递物品的验放原则是"自用合理数量"，自用合理数量原则即以亲友之间相互馈赠自用的正常需要量为限，因此，为了顺利通关，就需要遵守海关的寄送规则。

6.2.4 国际邮政小包

重量在 2 千克以内，外包装长、宽、高之和小于 90 厘米，且最长边小于 60 厘米，通过邮政航空服务寄往国外的小邮包，可以称为国际邮政小包。国际邮政小包是使用较多的一种国际物流方式，依托万国邮政联盟网店覆盖全球，在重量、体积、禁限寄物品要求等方面均存在很多共同点。然而不同国家和地区的邮政所提供的国际邮政小包服务或多或少存在一些区别，主要体现在不同优势区域会有不同的价格和时效，以及对于承运物品的限制不同。

为了让卖家能灵活地综合使用各种国际邮政小包渠道，下面介绍一些常用的国际邮政小包的特点：

（1）中国香港小包：综合质量较高，在各邮政小包中时效稳定，丢件率低，就综合质量而言，是小包中的理想选择。在价格方面，中国香港挂号小包比中邮挂号小包略贵，但在所有国际邮政小包中，还是价格较优的商品。目前，中国香港小包只可查询部分海外目的地的挂号邮件/包裹的派送详情，如果需要更进一步的查询，需要登录当地邮政系统进行查询。

（2）新加坡小包：价格适中，服务质量高于邮政小包的一般水平，并且是手机、平板电脑等含锂电池商品的运输渠道。新加坡小包对东南亚地区有优势，三大邮政小包中，其成本优势仅次于中邮挂号。

（3）瑞士小包：时效和稳定性好，是发欧洲线路的理想选择，支持带电商品配送。由本土邮政承运，本土清关能力强，一般欧盟境内无需二次清关，配送及时、丢包少。

（4）瑞典小包：欧洲线路时效较快，且价格较低，可邮寄内置电池、配套电池等货物。

6.3 商业快递

常用的商业快递方式包括 UPS、DHL、FedEx、TNT、SF Express、Toll 等。不同的国际快递公司具有不同的渠道，在价格、服务、时效方面都有所不同。

6.3.1 TNT

TNT 集团总部位于荷兰，是全球领先的快递邮政服务供应商，其国际网络覆盖世界 200 多个国家，提供一系列全球整合性物流解决方案。此外，TNT 还为澳大利亚以及欧洲、亚洲的许多主要国家提供业界领先的全国范围快递服务。

一、TNT 的资费标准

TNT 快递的运费包括基本运费和燃油附加费两部分，基本运费按照货运类型、目的地和速度的不同而变化。过去，燃油附加费按月调整，自 2019 年 1 月 1 日起，TNT 燃油附加费改为每周调整一次，以 TNT 网站（http://www.tnt.oom.on）公布的数据为准。

二、TNT 的参考时效

TNT 快递一般货物在发货次日即可实现网上追踪，全程时效为 3～5 天，经济型时效为 5～7 天。

三、TNT 的跟踪查询

TNT 的跟踪查询网站：http://www.tnt.com/express/zh_cn/site/home.html。

四、TNT 的体积重量限制

TNT 快递根据服务和目的地，重量和尺寸限制会有所差别。重量有两种计算方式，一种为实际重量，一种为体积重量。

体积重量是按照其占有空间的体积乘以相关的换算系数进行收费，货物的计费重量为实重与体积重量取大者为准。

货物的尺寸要求：单件货物尺寸不能超过240（厘米）×120（厘米）×150（厘米），最大重量和尺寸会依据始发地和目的地的不同而变化。

五、TNT操作的注意事项

（1）TNT快递运费不包含货物到达目的地海关可能产生的关税、海关罚款、仓储费等费用，因货物原因无法完成目的地海关清关手续或收件人不配合清关，导致货物被退回发件地（此时无法销毁），所产生的一切费用如收件人拒付，则需由卖家承担。

（2）若因货物原因导致包裹被滞留，不能继续转运，其退回费用或相关责任由发件人自负。

（3）TNT不接收仿牌货物，承运商查到后货物和运费均不退。

六、TNT的优劣势

1. TNT的优势

（1）速度快，通关能力强，提供报关代理服务。

（2）时效为3~5个工作日，特别是到西欧大概3个工作日，可送达国家比较多。

（3）可免费、及时、准确追踪、查询货物。

（4）在西欧地区价格极低，清关能力强，无偏远地区派送附加费用。

（5）网络覆盖比较全、查询网站信息更新快、遇到问题响应及时。

2. TNT的劣势

（1）需要考虑商品体积重量，对所运货物限制较多。

（2）费用相对较高。

6.3.2 UPS

UPS快递（United Parcel Service）位于美国华盛顿州西雅图，是一家全球性的快递承运商与包裹递送公司，同时也是运输、物流、资本与电子商务服务的领导性提供者。

UPS旗下主推的4种快递方式包括：

（1）UPS Worldwide Express Plus——全球特快加急，是紧急货件的理想选择。

（2）UPS Worldwide Express——全球特快，可送达美国国内大部分地区，以及加拿大、欧洲和亚洲的主要城市。

（3）UPS Worldwide Saver——全球速快，送达全球 220 多个国家和地区。

（4）UPS Worldwide Expedited——全球快捷，时效慢，资费低。

一、UPS 的资费标准

UPS 的资费标准以 UPS 网站公布的信息或者以 UPS 的服务热线信息为准。UPS 官网：https://www.ups.com/content/cn/zh/shipping/cost/zones/index.html。

UPS 免费客户服务热线为 800-820-8388/400-820-8388。

二、UPS 的参考时效

（1）参考派送时间为 2～5 个工作日。

（2）派送时效以上网到收件人收到此快件为准。

三、UPS 的跟踪查询

UPS 国际快递跟踪查询网站：https://www.ups.com。

四、UPS 的体积重量限制

1. 附加费

当货品满足以下条件之一时，每个包裹将收取 40 元人民币的附加费，其中每个包裹最多收取一次附加手续费：

（1）无法完全装入包装箱内的物品，其材质包括但不仅限于：金属、木材、硬塑料、软塑料（如塑料袋）或聚苯乙烯泡沫塑料（如泡沫塑料）。

（2）无法完全装入一般纸箱的圆柱形物品，例如木桶、鼓、圆筒或者轮胎。

（3）最长边缘的长度超过 122 厘米或次长边缘超过 76 厘米的包裹。

（4）实际重量大于 32 千克的包裹。

（5）每个包裹的重量未在 UPS 运输系统中指明且单个包裹的平均重量大于 32 千克的货品（不包括 UPS 全球特快货运服务货品）。

2. 超重超长费

UPS 国际快递小型包裹服务不递送超过以下重量和尺寸的包裹；若接收该类货

件，将对每个包裹收取超重超长费 378 元人民币。

（1）每件包裹最大重量为 70 千克。

（2）每件包裹最大长度为 274 厘米。

（3）每件包裹尺寸上限为 400 厘米 [长度加周长 (2× 宽 +2× 高)]。

以上条件不适用于 UPS 全球特快货运服务。

五、UPS 的优劣势

1. UPS 的优势

（1）速度快，服务好。

（2）在美洲路线和日本路线，特别是美国、加拿大、南美国家、英国，适宜发快件。

（3）全球派送 2 ～ 5 个工作日妥投。

（4）服务覆盖 220 个国家及地区，可以在线发货，全国 109 个城市提供上门取货服务。

（5）在线查询全程详细包裹派送信息，遇到问题解决及时。

2. UPS 的劣势

（1）运费较贵，要计算商品包装后的体积重量，适合发 6 ～ 21 千克，或 100 千克以上的货物。

（2）对托运物品的限制比较严格。

6.3.3 FedEx

FedEx 全称为 Federal Express，即联邦国际快递，总部设于美国田纳西州。FedEx 是一家国际性速递集团，提供隔夜快递、地面快递、重型货物运送、文件复印及物流服务。联邦快递分为联邦快递国际优先型服务（International Priority，IP）和联邦快递国际经济型服务（International Economy，IE）。

一、FedEx IP 和 FedEx IE 的区别

1. FedEx IP

（1）时效快，快递时效为 1 ～ 3 个工作日。

（2）清关能力强。

（3）为全球超过 200 个国家及地区提供快捷、可靠的快递服务。

2. FedEx IE

（1）价格更优惠，相对于中国联邦快递优先型服务的价格更有优势。

（2）时效比较快，通常在 2～4 个工作日送达亚洲各地，在 3 个工作日送达美国，在 3～4 个工作日送达欧洲。

（3）清关能力强，中国联邦快递经济型服务同优先型服务由同样的团队进行清关处理。

（4）为全球超过 90 个国家及地区提供快捷、可靠的快递服务，中国联邦快递经济型服务同优先型服务享受同样的派送网络，只有很少部分国家的运输线路不同。

二、FedEx 的资费标准

联邦快递的资费标准以其官网公布的为准，网址为：http://www.fedex.com.cn/rates/index.html。

联邦快递的"体积重量"计算公式为：体积重量 = 长（厘米）× 宽（厘米）× 高（厘米）/5 000，如果货物体积重量大于实际重量，则按体积重量计费。

三、FedEx 的参考时效

（1）FedEx IP 服务派送正常时效为 2～5 个工作日（此时效为从快件上网至收件人收到此快件为止），需要根据目的地海关通关速度决定。

（2）FedEx IE 服务派送正常时效为 4～6 个工作日（此时效为从快件上网至收件人收到此快件为止），需要根据目的地海关通关速度决定。

四、FedEx 的跟踪查询

FedEx 的跟踪查询可参考网站：http://www.fedex.com/cn。

五、FedEx 的体积重量限制

联邦快递每件包裹的重量上限为 70 千克，每件包裹的长度上限为 274 厘米；每件包裹尺寸上限为 400 厘米 [长度加周长 (2× 宽 +2× 高)]；每批货物总重量与包裹件数并无限制。一票多件（其中每件都不超过 68 千克），单票的总重量不能超过 300 千克，若超过 300 千克需要提前预约；单件或者一票多件中单件包裹有超过 68 千克的需要提前预约。联邦快递申报价值超过 5 000 元人民币的货物需要单独报关。

六、FedEx 的优劣势

1. FedEx 的优势

（1）其主要优势在 21～99 千克重量段，在此范围内价格较有竞争力。

（2）一般 2～7 个工作日可送达。

（3）网站信息更新快，网络覆盖全，跟踪反馈信息快。

2. FedEx 的劣势

（1）价格较贵，需要考虑商品体积重量。

（2）对托运物品限制比较严格，电池、液体、名牌商品或商标等物品均不能配送。

6.3.4 DHL

DHL 国际快递是全球快递行业的巨头之一，可寄达 220 多个国家及地区，具有涵盖超过 12 万个目的地（主要邮政区码地区）的网络，向企业及私人顾客提供专递及速递服务。

一、DHL 的资费标准

DHL 的标准资费详见网站：http://www.cn.dhl.com。

DHL 的体积重量计算公式为：体积重量 = 长（厘米）× 宽（厘米）× 高（厘米）/ 5 000，货物的实际重量和体积重量相比，二者种取大者计费。

二、DHL 的参考时效

（1）上网时效：参考时效从客户交货之后第二天开始计算，1～2 个工作日会有上网信息。

（2）妥投时效：参考妥投时效为 3～7 个工作日（不包括清关时间，特殊情况除外）。

三、DHL 的跟踪查询

DHL 可全程跟踪信息，并可以查到签收时间和签收人名。

DHL 跟踪网站：http://www.cn.dhl.com。

四、DHL 的体积和重量限制

DHL 对寄往大部分国家的包裹要求为：单件包裹的重量不超过 70 千克，单件包裹的最长边不超过 1.2 米。但是部分国家的要求不同，具体以 DHL 官网公布为准。

五、DHL 的优劣势

1. DHL 的优势

（1）发往西欧、北美国家有优势，适宜走小件；可送达国家网点比较多。

（2）一般 3～5 个工作日可送达；去欧洲一般 3 个工作日，到东南亚一般 2 个工作日即可到达。

（3）查询网站的货物状态更新比较及时，遇到问题解决速度快。

2. DHL 的劣势

（1）走小货价格较高，DHL 适合发 5.5 千克以上，或者重量介于 21～100 千克之间的货物。

（2）对托运物品的限制比较严格，拒收许多特殊商品，部分国家不提供 DHL 包裹寄递服务。

6.3.5　SF Express

SF Express 即顺丰速运，是一家主要经营国际、国内快递业务的企业。顺丰速运的国际件服务，目前已开通了美国、日本、韩国、新加坡、马来西亚、泰国、越南、澳大利亚等国家的快递服务。

一、SF Express 的资费标准

顺丰速运的资费标准以其官网公布的为准，网址为：http://www.sf-express.com/cn/sc/index.html。

二、SF Express 的跟踪查询

顺丰国际快递的跟踪查询网站：http://www.sf-express.com。

三、SF Express 的体积重量限制

对于体积大、重量轻的货物，顺丰是参考国际航空运输协会的规定，按体积重量和实际重量中较重的一种收费。

（1）中国港澳台地区（服务）：体积重量＝长（厘米）×宽（厘米）×高（厘米）/6 000。

（2）国际快递（服务）：体积重量＝长（厘米）×宽（厘米）×高（厘米）/5 000。

备注：体积重量的计算方法参考各地区及当地市场惯例，可能略有差异。以上涉及的具体商品范围，可致电 95338 或联系当地收派员进行咨询。

四、SF Express 的优劣势

（1）顺丰国际快递的优势主要体现为国内服务网点分布广，收派队伍人员服务意识强，服务队伍庞大，价格有一定竞争力。

（2）顺丰国际快递的劣势主要表现在开通的国家线路少，卖家可选的国家少。

6.4 专线物流

6.4.1 Special Line-YW

Special Line-YW 即航空专线－燕文，俗称"燕文专线"，是北京燕文物流公司旗下的一项国际物流业务。目前燕文专线已开通美国、欧洲、澳洲、中东和南美专线。

一、燕文专线的资费标准

燕文专线资费标准可以参考网站：http://www.yw56.com.cn。

计算方法：1 克起重，每个单件包裹限重在 2 千克以内。

二、燕文专线的参考时效

在正常情况下，16～35 天到达目的地。

在特殊情况下，35～60 天到达目的地。特殊情况包括节假日、特殊天气、政策调整、偏远地区等。

三、燕文专线的跟踪查询

燕文专线跟踪查询网站：http://www.yw56.com.cn。

四、燕文专线的体积重量限制

燕文专线的体积重量限制如表 6-1 所示。

表 6-1 燕文专线的体积重量限制

包裹形状	重量限制	最大体积限制	最小体积限制
旅行包裹	小于2千克(不含)	长、宽、高之和小于90厘米	至少有一面的长度大于14厘米，宽度大于9厘米
圆柱形包裹		2倍直径及长度之和小于104厘米，长度小于90厘米	2倍直径及长度之和大于17厘米，长度大于10厘米

五、燕文专线的操作注意事项

包装应按照所寄物品的性质、大小、轻重选择适当的包装袋或纸箱。邮寄物品外面需要套符合尺寸的包装袋或纸箱，并且包装袋或纸箱上不能有文字、图片、广告等信息。

由于寄递路程较远、冬天寒冷等原因，寄件人需要选用适当的结实抗寒的包装材料妥善包装，以防止以下情况发生：

（1）封皮破裂，内件露出；封口胶开裂，内件丢失。

（2）伤害处理人员。

（3）污染或损坏其他包裹或分拣设备。

（4）寄递途中碰撞、摩擦、震荡或受压力、气候影响而发生损坏。

6.4.2 Russian Air

Russian Air 即中俄航空专线，是通过国内快速集货，航空干线直飞，在俄罗斯通过俄罗斯邮政或当地落地配（落地配由落地分拨、同城和地县转运、入宅服务三大要素组成，主要以开箱验货、半收半退、夜间送货、试穿试用、送二选一、代收货款、退货换货等核心的入宅服务为竞争亮点）进行快速配送的物流专线的合称。

Russian Air 俗称"俄速通"（Ruston），是由黑龙江俄速通国际物流有限公司提供的中俄航空小包专线服务。其针对跨境电子商务客户物流需求的小包航空专线服务，渠道实效快速稳定，全程物流跟踪服务。

一、Russian Air 的资费标准、体积重量限制

Russian Air 的资费标准为 85 元人民币／千克 + 8 元人民币挂号费，体积重量限制参照中邮小包的资费标准。

二、Russian Air 的参考时效

（1）在正常情况下，15～25 天到达俄罗斯目的地。

（2）在特殊情况下，30 天到达俄罗斯目的地。

三、Russian Air 的跟踪查询

通过以下网站进行物流轨迹查询：http://www.ruston.cc。

四、Russian Air 的优势

（1）经济实惠。Russian Air 以克为单位进行精确计费，无首重费，为卖家将运费做到最低。

（2）可邮寄范围广泛。Russian Air 是联合俄罗斯邮局推出的服务产品，境外递送环节全权由俄罗斯邮政承接，因此递送范围覆盖俄罗斯全境。

（3）运送时效快。Russian Air 开通了"哈尔滨—叶卡捷琳堡"中俄航空专线货运包机，提高了配送时效，使中俄跨境电子物流平均运送时间从过去的近两个月缩短到 13 天，80% 以上的包裹 25 天内到达。

（4）全程可追踪。寄送信息 48 小时内上网，货物全程可视化追踪。

6.4.3 Aramex

Aramex 快递成立于 1982 年，是第一家在纳斯达克上市的中东国家公司，提供全球范围的综合物流和运输解决方案。在国内也称为"中东专线"，可通达中东、北非、南亚等 20 多个国家，在当地具有很大优势。中东专线正常递送时间一般为 4～12 天。

一、Aramex 的资费标准

Aramex 的标准运费包括基本运费和燃油附加费两部分，其中燃油附加费每月变动，以 Aramex 网站公布的数据为准。

二、Aramex 的参考时效

寄送信息一般会在收件后两天内上网，中东地区派送时效为 3～8 个工作日。

三、Aramex 的跟踪查询

所有包裹可以通过 http://www.aramex.com 进行跟踪。

四、Aramex 的体积和重量限制

（1）邮包的体积常规限制在 120×50×50（立方厘米）以内。

（2）邮包体积重量计算公式为：长（厘米）×宽（厘米）×高（厘米）/5 000，如果邮包体积重量大于实际重量，则按体积重量计费。

（3）单票包裹尽量不超过 30 千克。尤其寄往印度、南非、英国的货件长度不得超过 150 厘米，货物单件重量不得超过 32 千克，超过则加收超重费；越南的货物单件重量不能超过 30 千克/件，超过则加收超重费。

五、Aramex 的操作注意事项

（1）运单上必须用英文清晰填写收件人名字、地址、电话、邮编、国家、货品信息、申报价值、件数及重量等详细资料。

（2）必须在运单报关联填写明晰的货物详情、名称、件数、重量及申报价值；单票货物申报不得超过 5 万美元，寄件人信息统一打印。

（3）Aramex 收件地址不可以是 PO Box 的邮箱地址。

六、Aramex 的优势

（1）寄往中东、北非、南亚等国家价格具有显著优势，是 DHL 的 60% 左右。

（2）时效有保障，包裹寄出后 3～5 天可以投递。

（3）抵达全球各国都无须附加偏远费用。

（4）包裹可在 Aramex 官网跟踪查询，状态实时更新信息，寄件人每时每刻都能跟踪到包裹的最新动态。

6.4.4 芬兰邮政

"速优宝-芬兰邮政"是由速卖通和芬兰邮政针对 2 千克以下小件物品推出的香港口岸出口的特快物流服务，分为挂号小包和经济小包，运送范围为俄罗斯及白俄罗斯全境邮局可到达区域。速优宝具有在俄罗斯和白俄罗斯清关速度快、时效快、经济实惠的特点。

一、芬兰邮政的资费标准

芬兰邮政挂号小包的资费计算项目与中邮挂号小包一致，包括配送服务费和挂号服务费两部分。芬兰邮政经济小包则只有配送服务费。

芬兰邮政挂号小包的计算方式为：运费＝配送服务费×邮包实际重量＋挂号服务费；芬兰邮政经济小包的价格计算方式为：运费＝配送服务费×邮包实际重量。芬兰邮政起运重量为1克，运费会根据每月初的最新汇率进行调整。

二、芬兰邮政的参考时效

对于芬兰邮政挂号小包，物流商承诺包裹入库后35天内必达（不可抗力除外），因物流商原因在承诺时间内未妥投而引起的速卖通平台限时达纠纷赔偿，由物流商承担。

三、芬兰邮政的跟踪查询

挂号包裹到达俄罗斯邮政后，可在俄罗斯邮政官网查询相关物流信息，网址为：http://www.russisnpost.ru。

四、芬兰邮政的寄送限制

（1）体积、重量限制：芬兰邮政对包裹的重量、体积有严格限制，如表6-2所示。

表6-2　芬兰邮政体积、重量限制

包裹形状	重量限制	最大体积限制	最小体积限制
方形包裹	小于2千克（不包含）	长宽高之和小于或等于90厘米，单边长度小于或等于60厘米	至少有一面的长度大于或等于14厘米，宽度大于或等于9厘米
圆柱形包裹		2倍直径及长度之和小于或等于104厘米，单边长度小于或等于90厘米	2倍直径及长度之和大于或等于17厘米，单边长度大于或等于10厘米

（2）电池的寄送限制：不能寄送电子产品，如手机、平板电脑等带电池的物品，或纯电池（含纽扣电池）。

五、芬兰邮政的优势

（1）运费价格优势：寄往俄罗斯和白俄罗斯的价格较其他专线具有明显的优势。

（2）时效优势：时效有保障，包裹寄出后大部分在35天可以投递。挂号包裹因物流商原因在承诺时间内未妥投而引起的速卖通平台限时达纠纷赔偿，由物流商承担，降低卖家风险。经济小包与传统的平邮小包相比，直到包裹离开芬兰前均有物流轨迹，离开芬兰前包裹丢失、破损以及时效延误而延期的速卖通平台限时达纠纷赔偿，由物流商承担，降低卖家风险。

6.4.5 中俄快递-SPSR

线上发货"中俄快递-SPSR"服务商SPSR Express是俄罗斯优秀的商业物流公司之一，也是俄罗斯跨境电子商务行业的领军企业。"中俄快递-SPSR"提供经北京、香港、上海等地出境的多条快递线路，运送范围为俄罗斯全境。

一、中俄快递-SPSR的资费标准

中俄快递-SPSR的资费计算与邮政挂号小包一致，包括配送服务费和挂号服务费两部分。运费根据包裹重量按每100克计费，不满100克按100克计，每个单件包裹限重在15千克以内，尺寸在60×60×60（立方厘米）以内。

二、中俄快递-SPSR的参考时效

中俄快递-SPSR物流商承诺包裹揽收后最短14天、最长32天内必达（不可抗力除外）。因物流商原因在承诺时间内未妥投而引起的平台限时达纠纷赔偿，由物流商承担。

三、中俄快递-SPSR的跟踪查询

挂号包裹到达俄罗斯邮政后，可在SPSR官网http://spsr.net.cn查询相关物流信息。

四、中俄快递-SPSR的邮寄限制

（1）中俄快递-SPSR的寄送限制在60×60×60（立方厘米）以内的包裹。

（2）可寄送重量100克～15千克，尺寸在60×60×60（立方厘米）以内的包裹。

（3）电池寄送限制：不能寄送电子产品，如手机、平板电脑等带电池的物品，或纯电池（含纽扣电池）；任何可重复使用的充电电池，如锂电池、内置电池、笔记本电脑的长电池、蓄电池、高容量电池等，无法通过机场货运安检。但是插电产品，如摄像头、烘甲机、卷发器等可以寄送，合金金属等也在可以寄送的范畴内（不含管制刀具等违禁品）。

6.5 其他物流方式

6.5.1 海洋运输

海洋运输又称"国际海洋货物运输",指使用船舶通过海上航道在不同国家和地区的港口之间运送货物的一种方式,也是国际物流中最主要的运输方式之一。

一、海洋运输的作用

(1)海洋货物运输是国际贸易运输的主要方式。

海洋运输的通过能力大、运量大、运费低,以及对货物适应性强等长处,加上全球特有的地理条件,使它成为国际贸易中的主要运输方式。我国进出口货物运输总量的80%—90%是通过海洋运输进行的。由于集装箱运输的兴起和发展,不仅使货物运输向集合化、合理化方向发展,而且节省了货物包装用料和运杂费,减少了货损货差,保证了运输质量,缩短了运输时间,从而降低了运输成本。

(2)海洋货物运输是国家节省外汇支付、增加外汇收入的重要渠道之一。

在我国,运费支出一般占外贸进出口总额的10%左右,尤其大宗货物运费所占比重更大。世界各国,特别是沿海的发展中国家都十分重视建立自己的远洋船队,注重发展海洋货物运输。一些航运发达国家,外汇运费的收入已经成为国民经济的重要支柱。

(3)发展海洋运输业有利于改善国家产业结构和国际贸易出口商品结构。

海洋运输是依靠航海活动的实践来实现的,航海活动的基础是造船业、航海技术和掌握技术的海员。造船工业是一项综合性产业,它的发展又可带动钢铁工业、船舶设备工业、电子仪器仪表工业的发展,促进国家产业结构的改善。

随着海洋运输业的发展,我国远洋运输船队已进入世界10强之列,为今后大规模发展拆船业提供了条件。海洋运输业的发展,不仅能改善国家产业结构,而且会改善国际贸易中的商品结构。

二、海洋运输的特点

海洋运输是国际间商品交换中最重要的运输方式之一,货物运输量占全部国际货物运输量的比例大约在80%以上。海洋运输具有以下特点:

(1)天然航道。海洋运输借助天然航道进行,不受道路、轨道的限制,通过能力强。

随着政治、经贸环境以及自然条件的变化，可随时调整和改变航线完成运输任务。

（2）载运量大。随着国际航运业的发展，现代化的造船技术日益精湛，船舶日趋大型化。超巨型油轮已达60多万吨，第五代集装箱船的载箱能力已超过5 000标准箱。

（3）运费低廉。海上运输航道为天然形成，港口设施一般为政府所建，经营海运业务的公司可以大量节省用于基础设施的投资。船舶运载量大、使用时间长、运输里程远、单位运输成本较低，为低值大宗货物的运输提供了有利条件。

（4）运输的国际性。海洋运输一般都是国际贸易，它的生产过程涉及不同的国家地区的个人和组织。海洋运输受到相关国际法和国际管理的约束，也受到各国政治、法律的约束和影响。

6.5.2　国际铁路运输

铁路运输是国际贸易运输中的主要运输方式之一。世界上第一条铁路出现在1825年的英国。其后铁路建设迅速发展，到19世纪末，世界铁路总里程达65万千米，目前已有140多万千米。世界铁路分布很不均衡，其中欧洲、美洲各占世界铁路总长度的1/3，而亚洲、非洲和大洋洲加在一起仅占1/3左右。

国际铁路运输是在国际贸易中仅次于海运的一种主要运输方式。其最大的优势是运量较大，速度较快，运输风险小于海洋运输，能常年保持准点运营。

从保护买家的购物体验方面考虑，建议卖家选择正规的物流公司，风险可控的物流渠道。对于卖家自行选择的运输物流，需要确保该物流有资质及能力提供相应的物流服务，并在提供服务的过程中保障买家的体验，否则将承担对应的风险。对于无法核实真伪的物流跟踪信息，跨境电子商务平台有权不予认可。

6.6　海外仓

6.6.1　海外仓概况

一、海外仓优缺点

客户下单后，出口企业通过海外仓直接从本地发货，缩短了配送时间，也降低了清关障碍；货物批量运输，降低了运输成本；客户收到货物后能轻松实现退换货，也改善了购物体验。海外仓的优缺点如表6-3所示。

表6-3　海外仓优缺点

海外仓优点	①降低物流成本 ②加快物流时效 ③提高商品曝光率 ④提升客户满意度 ⑤有利于开拓市场
海外仓缺点	①支付海外仓储费（头程费用、税金、当地派送费用、处理费、仓储费用） ②有一定的库存数量限制

二、海外仓费用结构概况

海外仓费用结构是指把仓库设立在海外（除中国大陆以外）而产生的一系列费用，可以通过自建仓库和使用第三方物流服务商公司的仓库。第三方物流服务商的海外仓费用结构，由头程费用、税金、当地派送费、仓储费、订单处理费构成。

海外仓的仓储成本费用根据不同的国家标准费用也各不相同。卖家在选择海外仓时需要计算清楚成本费用，与自己目前发货方式所需要的成本，两者对比进行选择。建议卖家可以在旺季的时候选择使用海外仓储服务。

（1）头程费用：指从中国把货物运送至海外仓库地址这段过程中所产生的运费，如表6-4所示。

表6-4　海外仓费用结构

头程费用	费用结构
空运方式	运费＋清关费＋报关费＋其他费用（文档费、拖车费、送货费）
海运方式	集装箱拼箱：以实际体积计算费用，体积会分层计算，1立方米起运 集装箱整箱：以集装箱数量计算运费

（2）税金：货物出口到某国，需按照该国进口货物政策征收的一系列费用。征收进口关税会增加进口货物的成本，提高进口货物的市场价格，影响外国货物进口数量。

（3）当地派送费：买家对其商品下单后，由仓库完成打包配送至买家地址所产生的费用（参考各国物流服务商公司费用进行收费）。

（4）仓储费：储存商品在仓库所产生的费用，一般第三方公司为了提高商品的动销率，会按周收取费用。

（5）订单处理费：买家对其商品下单后，由第三方人员对其订单现货打包所产生的费用。

三、海外仓商品涉及的增值税

VAT（Value Added Tax）即销售增值税，是欧盟的一种税制，是指货物售价的利润税。它适用于在欧盟国家境内产生的进口、商业交易以及服务行为。销售增值税和进口税是两个独立缴纳的税项，商品进口到欧盟国家的海外仓会产生商品的进口税，而商品在欧盟国家境内销售时会产生销售增值税。

如果卖家使用欧盟国家本地仓储进行发货，就属于销售增值税应缴范畴，即便卖家所选的海外仓储服务由第三方物流公司提供，也从未在当地开设办公室或者聘用当地员工，也需要缴纳销售增值税。

为了能依法缴纳增值税，卖家需要向海外仓本地的税务局申请 VAT 税号。VAT 税号具有唯一性，只适用于注册当事人。当然卖家也可以授权给代理公司或者中介协助注册 VAT 税号。

6.6.2　海外仓商品特点

海外仓集货物流是指为卖家在销售目的地进行仓储、分拣、包装及派送的一站式控制及管理服务。海外仓集货物流包括了预定船期、头程国内运输、头程海运或头程空运、当地清关及报税、当地联系二程拖车、当地使用二程拖车运输送到目的地仓库并扫描上架和本地配送这几个部分。

适合做海外仓的商品，大致可以分为以下几种情况：

（1）尺寸、重量大的商品。此类商品的重量和尺寸都已经超出了小包规格的范围，若直接使用国际快递，费用比较高，而海外仓刚好弥补了这个缺点。

（2）单价和利润高的商品。海外仓的本地配送服务与国际快递相比，丢包率和破损率都可以控制在相对较低的水平，对于卖家而言，可以降低高价值商品的意外损失率。

（3）高人气商品。这一类商品由于受到当地市场的热捧，使用海外仓可以使货物的周转率加快，货物积仓的风险减小，而卖家也能更快地收回资金。

本章小结

通过本章的学习，让读者对跨境电子商务物流有了较为全面的认知。了解邮政物流、商业快递、专线物流的优劣势和收费标准；分析海外仓的优劣势，了解其商品特点；帮助读者根据商品和店铺自身情况选择合适的物流。

第七章

知识产权与法律法规

跨境电子商务的快速发展,为企业带来巨大经济效益和发展前景的同时,也让企业面临着众多新的挑战。企业需要不断学习相关法律法规,诸如知识产权、消费者权益保护、隐私权保护和安全保障等,同时提高风险防范意识,才能在贸易交易流程和环节中,规避各类知识产权风险及其他法律风险,应对日益复杂的国际贸易环境。

知识目标

1. 了解知识产权的分类和形态；

2. 了解侵权的特点；

3. 了解常见的法律风险类型。

能力目标

1. 掌握知识产权侵权的防范措施；

2. 具备处理知识产权侵权行为的能力。

7.1 知识产权

知识产权（Intellectual Property)，是指"权利人对其所创作的智力劳动成果所享有的专有权利"，一般只在有限时期内有效。各种智力创造比如发明、文学和艺术作品，以及在商业中使用的标志、名称、图像以及外观设计，都可被认为是某一个人或组织所拥有的知识产权。

7.1.1 知识产权的特点和分类

一、知识产权的特点

知识产权是一种无形财产，大部分知识产权的获得需要经过法定的程序，比如，商标权的获得需要经过登记注册。知识产权具有专有性、地域性、时间性的特点。

1. 专有性

专有性即独占性或垄断性。除权利人同意或法律规定外，权利人以外的任何人不得享有或使用该项权利。这表明权利人独占或垄断的专有权利受严格保护，不受他人侵犯。只有通过"强制许可""征用"等法律程序，才能变更权利人的专有权。

2. 地域性

地域性即只在所确认和保护的地域内有效。除签有国际公约或双边互惠协定外，经一国法律所保护的某项权利只在该国范围内发生法律效力。所以知识产权既具有地域性，在一定条件下又具有国际性。

3. 时间性

时间性即只在规定期限内受到保护。法律对各项权利的保护，规定有一定的有效期。各国法律对保护期限的长短可能不一致，也可能不完全相同。只有参加国际协定或进行国际申请时，才对某项权利有统一的保护期限。

保护知识产权已成为各国政府的普遍共识。作为无形资产，知识产权是公司经营活动的主要资源，是公司市场竞争力的表现。保护公司的知识产权就是保护公司的经济资源和竞争力，违反知识产权法律规定的行为会受到相关国家或企业的制裁。

在不同的国家中，知识产权保护法的内容有很大区别。在实施判例法的国家中，知识产权所有者是通过"使用"界定的；而在实施成文法的国家中，知识产权所有者则是通过"注册"确定的。

二、知识产权的分类

知识产权是专有权利的统称，根据保护对象的不同主要包含专利权、著作权和商标权三个方面。

1. 专利权

专利权是指发明人从政府有关部门获得的在一定期限内生产、销售或以其他方式使用发明的排他权利。专利分为发明、实用新型和外观设计三种。专利权人对其发明创造享有独占性的制造、使用、销售和进口的权利。

2. 著作权

著作权包括著作人身权和著作财产权。著作人身权包括四种权利：发表权，即决定作品是否公布于众的权利；署名权，即表明作者身份，在作品上署名的权利；修改权，即修改或者授权他人修改作品的权利；保护作品完整权，即保护作品不受歪曲、篡改的权利。

著作财产权是作者对其作品的自行使用和被他人使用而享有的以物质利益为内容的权利。

3. 商标权

商标可能是一个单词、字母、图形或是它们的组合，包括图画、符号等平面现象。

商标权是指商标使用人依法对其所使用的商标享有的专用权利。商标权具有专有性、地域性和时效性等特点。

7.1.2 知识产权侵权的表现和影响

一、知识产权侵权的主要表现

目前，跨境电子商务侵权主要表现在以下三个方面：

（1）假货横行。

一些中小企业使用不真实的厂名、厂址、商标、产品名称、产品标识等，从而使客户误以为该产品就是正版产品；也有部分中小企业直接打着品牌授权口号公然销售假冒伪劣产品。

（2）盗用信息。

盗用信息主要表现在两个方面：一是未经版权所有人同意即擅自使用、二次修改、编辑其Logo、图片、视频等原创内容；二是以其他网站为模板，采用相似域名等行为，对消费者造成了严重误导，同时也给被侵权的品牌带来了负面影响。

（3）网络诈骗。

利用技术手段制作非法钓鱼和欺诈网站，通过低价、广告等形式诱导消费者点击网站并进行消费，从而骗取大量不法钱财。

二、知识产权侵权行为

我国法律明确规定用户不得利用网站服务从事侵犯他人知识产权的行为。知识产权侵权行为主要分为以下三种：

（1）商标侵权行为。

① 假冒商品：发布、销售非商品来源国的注册商标权利人或其被许可人生产的商品。

② 其他不当使用他人商标权：所发布的商品信息或所使用的其他信息造成其他用户的混淆或误认。

（2）著作权侵权行为。

① 盗版侵权行为：发布、销售未经著作权人许可的复制作品，包含但不限于图书、

电子书、软件、音像制品等。

② 其他不当使用他人著作权行为：所发布的商品信息或所使用的其他信息造成不当使用他人著作权。

（3）专利侵权行为。

专利侵权行为指用户出售的商品或所使用的其他信息不当侵犯他人权利，包含外观设计专利、实用新型专利或发明专利。

三、知识产权侵权的影响

平台政策规定，不允许出售假货、盗版和未授权产品，若有类似侵权行为，产权所有人或法定代理人可以向平台提起诉讼。侵犯知识产权会导致卖家扣分、账号被封、资金被冻结等情况，还会面临以下风险：

（1）权利人的高额民事诉讼索赔风险；

（2）海关行政处罚（包括罚金、降级、货物没收销毁等）的风险；

（3）对于金额高、影响恶劣的案件存在被追究刑事责任的风险；

（4）货物被海关扣留导致的仓储费、码头费等相关额外费用；

（5）货物被海关扣留导致的延误船期、延误交货日期、信用证过期（如付款方式为信用证）等风险；

（6）其他不确定风险。

7.1.3　知识产权侵权的防范措施

传统的国际贸易活动，大多是国外买家采取大批量订货的方式完成，进口商通常在进口商品前主动进行知识产权调查和风险防范，进行知识产权的把关；国内出口商也不太会存在知识产权侵权风险。与传统的外贸模式不同，跨境电子商务的卖家以中小企业为主，他们往往缺乏知识产权方面的专业知识，而面对的国外买家也具有不特定性，因此知识产权问题变得更为突出。

根据 eBay 的统计数据，中国跨境电子商务企业在 eBay 平台完成的跨境交易中，投诉率为 5.8%，而全球平均水平为 2.5%。我国企业的被投诉率远高于国际水平，甚至一些国际大型电商平台专门针对中国跨境电子商务企业制定了准入条款，需要支付更高的平台佣金或者受到相比其他电商企业更严格的侵权处罚。

一、跨境电子商务平台对知识产权侵权行为的认定

防范知识产权侵权，首先需要了解哪些行为属于知识产权侵权行为。跨境电子商务平台严禁用户未经授权发布、销售涉及第三方知识产权的产品。

二、商家对网店产品应积极进行管理

企业在设置公司英文名时，不得使用他人已注册的商标。进行企业网站装修或发布产品时，不得使用或是二次修改、剪辑他人原创的图片、文字、视频。若要发布品牌产品信息，需先提供授权证明；若产品审核被退回或出现知识产权侵权投诉，要积极查明原因并及时处理。

三、跨境电子商务平台对相关知识产权内容有事前审查义务

电子商务平台应加强对用户身份的审查。若某个网络用户声称其为某知名品牌的网络代理商或授权商，跨境电子商务平台应要求其提供相关证明文件并对该文件的真实性向权利人进行核实。电子商务平台应主动对产品信息进行审查，不必等接到权利人的投诉通知再行处理。

四、建立企业跨境电子商务风险审查机制

跨境大型综合平台服务商可以自己研发系统软件，用大数据的思维筛选、抓取涉嫌侵犯知识产权的产品或者卖家信息；或引入知识产权服务商对其网络平台上的海量产品知识产权信息进行自我审查，并适时向相关权利人发出侵权可能的提示信息、改进措施和扣分制度。对于确认侵权并拒不改正的卖家给予断链处罚，以警示和维护平台产品的正品信息形象。同时，建立宽严适度的产品信息准入制度。

7.1.4 知识产权保护的相关法律制度

跨境电子商务活动中交易的商品需要遵守知识产权的相关规范，主要涉及商品的专利、商标、著作权等问题的规范。

一、知识产权相关法律制度

1. 综合类

与知识产权相关的综合类法律法规有：《民法通则》（"知识产权"部分）、《刑

法》("侵犯知识产权罪"部分)、《关于办理侵犯知识产权刑事案件具体应用法律若干问题的解释》(最高法院、最高检察院发布)、《合同法》("技术合同"部分)、《对外贸易法》("与对外贸易有关的知识产权保护"部分)、《侵权责任法》。

2. 专利权类

《专利法》及其实施细则;《关于审理专利纠纷案件适用法律问题的若干规定》《关于对诉前停止侵犯专利权行为适用法律问题的若干规定》《国防专利条例》。

3. 商标权类

《商标法》及其实施条例;《关于审理商标案件有关管辖和法律适用范围问题的解释》《关于审理商标民事纠纷案件适用法律若干问题的解释》《关于审理涉及驰名商标保护的民事纠纷案件应用法律若干问题的解释》《驰名商标认定和保护规定》《集体商标、证明商标注册和管理办法》。

4. 著作权类

《著作权法》及其实施条例;《关于审理著作权民事纠纷案件适用法律若干问题的解释》《关于审理计算机网络著作权纠纷案件适用法律若干问题的解释》《关于审理涉及计算机网络域名民事纠纷案件适用法律若干问题的解释》《著作权集体管理条例》《计算机软件保护条例》《信息网络传播权保护条例》。

5. 商业秘密类

《反不正当竞争法》《关于禁止侵犯商业秘密行为的若干规定》。

6. 特殊标志类

《特殊标志管理条例》《奥林匹克标志保护条例》《世界博览会标志保护条例》。

7. 其他类

《知识产权海关保护条例》《关于中华人民共和国知识产权海关保护条例的实施办法》《展会知识产权保护办法》。

二、阿里巴巴国际站知识产权侵权处理规则

在跨境电子商务贸易中,各大电商平台陆续发布了《知识产权侵权处理规则》,下面以阿里巴巴国际站(B2B)为例进行讲解。

1. 知识产权侵权行为定义

阿里巴巴国际站用户不得利用网站服务从事侵犯他人知识产权的行为,包括以下两种:

(1) 一般侵权行为。

① 在所发布的产品信息、店铺或者域名中不当使用他人商标权、著作权等权利;

② 发布、销售产品时不当使用他人商标权、著作权等权利;

③ 所发布的产品信息或者所使用的其他信息造成用户混淆或者误认等情形。

(2) 严重侵权行为。

① 未经著作权人许可复制其作品并进行发布或者销售,包括图书、音像制品、计算机软件等;

② 发布或者销售未经产品来源国注册商标权利人或者其被许可人许可生产的产品。

2. 知识产权侵权行为的处理

(1) 一般侵权行为的处理,如表7-1所示。

表7-1 一般侵权行为的处理

	触发原因	扣分计算方式
一般侵权行为	权利人投诉	6分/次 首次被投诉不扣分,基于同一知识产权且发生在首次被投诉后5天内的投诉算一次;第6天开始,每次被投诉扣6分,一天内若被同一知识产权多次投诉扣一次分 所有时间以投诉受理时间为准
	国际站抽样检查	每退回1次扣2分,一天内扣分不超过6分 如一般侵权行为情节严重的,每退回1次扣4分,一天内扣分不超过12分
此处所指的"投诉"均指成立的投诉,即被投诉方在规定期限内未发起反通知;或者虽发起反通知,但反通知不成立		

(2) 严重侵权行为的处理,如表7-2所示。

表 7-2 严重侵权行为的处理

	累积被记振次数	处理方式
严重侵权行为	1 次	限权 7 天 + 考试 若考试未在 7 天内通过最长限权 30 天
	2 次	限权 14 天 + 考试 若考试未在 14 天内通过最长限权 60 天
	3 次	关闭账号

①针对国际站上的严重侵权行为实施"三振出局"制,即每次针对用户严重侵权行为的投诉记振一次;3 天内如果出现多次针对同一用户的严重侵权行为投诉,记振一次,时间以第一次投诉的受理时间开始计算。若针对同一用户记振累积达 3 次的,则关闭该用户账号
②此处所指的"投诉"均指成立的投诉,即被投诉方被投诉,在规定期限内未发起反通知;或者虽发起反通知,但反通知不成立
③除被三振关闭账号外,被记振的用户需进行知识产权学习及考试;通过考试的用户可以在限权期限届满后恢复账号正常状态
④严重侵权行为的记振次数按行为年累计计算,行为年是指每项严重侵权行为的处罚会被记录 365 天
⑤当情况特别显著或极端时,国际站保留对用户单方面解除会员协议或服务合同、直接关闭用户账号以及国际站酌情判断与其相关联的所有账号,及 / 或实施其他国际站认为合适措施的权利
"情况特别显著或极端"包括但不限于:
- 用户侵权行为的情节特别严重
- 权利人针对国际站提起诉讼或法律要求
- 用户因侵权行为被权利人起诉,被司法、执法或行政机关立案处理
- 因应司法、执法或行政机关要求国际站处置账号或采取其他相关措施

7.2 常见的法律法规

我国推出系列政策,从信息、支付、清算、物流、保税等多方面支持、监督跨境电子商务行业,推动跨境电子商务行业的发展和逐步规范。政策的直接干预对跨境电子商务市场的发展起到了极大推动作用,也让跨境电子商务企业从运营成本、业务流程、纳税等多方面获得了有力保障。

7.2.1 跨境电子商务贸易、商务、运输相关法律

我国跨境电子商务可能涉及的法律类条文、规范、文件可以分为三类。第一类是跨境电子商务涉及的贸易、商务、运输类,这一类主要是针对跨境电子商务活动中的跨境贸易属性,解决涉及贸易的基础问题,尤其适用于 B2B 类的跨境电子商务;

第二类是跨境监管对应的有关法律、法规、规章等，此类主要是针对跨境电子商务过程中的通关、商检、外汇、税务等问题，这对多种跨境电子商务交易和服务都具有约束作用；第三类是电子商务活动相关的法律法规，重点在于电子商务本身一般性的法律问题，其关键在于电子信息技术带来的新空间、新模式。

一、规范对外贸易主体、贸易规范、贸易监管的一般性法律

跨境电子商务的参与者多数具有贸易主体的地位，对跨境 B2B 电子商务而言，仍然适用于货物贸易的情形。我国出台的最重要的法律基础是《对外贸易法》，规范了贸易参与者、货物进出口、贸易秩序、知识产权、法律责任等。从根本上确立了贸易参与者的备案登记、对货物进出口的许可管理和监管、保护知识产权等措施。

与此同时，针对贸易参与者的登记问题我国又出台了《对外贸易经营者备案登记办法》，规范了登记需要递交的材料和审核细节。针对货物进出口环节，我国还制定了《货物进出口管理条例》，具体规定了对禁止进出口、限制进出口、自由进出口等的管理措施。

二、贸易合同方面的法律

跨境电子商务的合约除了电子合同的属性外，还具有贸易合同的性质。当前国际上比较重要的公约是《联合国国际货物销售合同公约》，该公约实际规范的是一般贸易形态的、商业主体之间的、非个人使用、非消费行为的货物销售合同订立。该公约具体规范了合同订立行为、货物销售、卖方义务、货物相符（含货物检验行为等）、买方义务、卖方补救措施、风险转移、救济措施、宣布合同无效的效果等。同时，也需要参照我国《合同法》进行规范。我国《合同法》不仅规范了销售合同，而且也对商事代理方面的合同行为提出了专门的条款，对运输过程中的一些问题也做了规定。

三、跨境运输方面的法律法规

跨境电子商务交易活动后期会涉及较多的跨境物流、运输问题，涉及海洋运输、航空运输方面的法律。这方面主要可参照《海商法》《航空法》和《货物运输代理业管理规定》。这些法律法规对承运人的责任、交货提货、保险等事项做了具体规定，

同时也对国际贸易中的货物运输代理行为做了规范，理清了代理人作为承运人的责任。这部分的法律规范同时还需要参照我国的《合同法》，解决代理合同当中委托人、代理人、第三人之间的责任划分问题。货运代理的代理人身份和独立经营人身份／合同当事人的双重身份也需要参照《合同法》进行规范。

四、产品质量和消费者权益方面的法律和其他规定

跨境电子商务常常面临商品质量的责任和纠纷。在贸易过程中，产品／商品质量问题和责任需要通过法律来规范，消费者权益需要通过法律进行保护。这些法律对生产者、销售者的责任进行了梳理，并对欺诈、侵权的行为进行了规定。

7.2.2 跨境电子商务监管相关法律法规

一、通关方面的法律法规

跨境电子商务所涉及的货物／物品需要经过海关的查验。我国出台了《海关法》，并通过《海关企业分类管理办法》《海关行政处罚条例》进一步细化。《海关法》涉及海关的监管职责，对进出境运输工具、货物、物品的查验，以及关税等内容。《海关企业分类管理办法》对海关管理企业实行分类管理，对信用较高的企业采用通关便利措施，对信用较低的企业采取更严密的监管措施。同时，也在通关环节，加强了"知识产权的海关保护"，出台了《知识产权海关保护条例》及其实施办法。针对目前空运快件、个人物品邮件增多的情况，也出台了一些专门的管理办法，如《快件监管办法》等。

二、商检方面的法律法规

跨境电子商务所交易的大部分货物都需要通过商检的检验环节。目前的依据主要是《商检法》，涉及商品检验检疫方面的出口、进口的检疫以及监督管理职责。同时依据《商检法》出台了《商品检验法实施条例》，对《商检法》各个部分拟定了细则。还出台了针对邮递和快件的检验检疫细则，如《进出境邮寄物检疫管理办法》和《出入境快件检验检疫管理办法》等。

三、外汇管理的有关规定

跨境电子商务主要涉及向外汇管理部门、金融机构的结汇问题，涉及的规范主要有《外汇管理条例》等。《外汇管理条例》中所涉及的项目售汇、结汇条文会直接影响到跨境电子商务的部分支付问题。

四、税收方面的法律法规

跨境电子商务进出口环节会面临征税问题，该类法律法规主要有《进出口关税条例》，以及涉及退税阶段的各类规章制度。《进出口关税条例》在《海关法》和国务院制定的《进出口关税税则》的基础上具体化关税征收的规定和细则，包括货物关税税率设置和适用、完税价格确定、进出口货物关税的征收、进境货物的进口税征收等。

本章小结

通过本章的学习，让读者对跨境电子商务法律法规有全面的了解。了解知识产权规则以及跨境电子商务关于贸易、运输、通关等的相关法律法规；分析知识产权侵权行为及其影响，掌握知识产权侵权的预防措施。帮助读者利用法律手段保护自己的知识产权权利，避免出现触犯跨境电子商务法律法规的行为。

索 引

A～Z（英文）

Aramex　144、145
　　参考时效　144
　　操作注意事项　145
　　跟踪查询　145
　　体积和重量限制　145
　　优势　145
　　资费标准　144
B2B 跨境电商或平台　36
B2C　2、37
　　跨境电商或平台　37
C2C　2、3、37
　　跨境电商或平台　37
CashPay　110
DHL　140、141
　　参考时效　140
　　跟踪查询　140
　　劣势　141
　　体积和重量限制　141
　　优势　141
　　资费标准　140
eBay　27、53～63
　　HTML 和 JavaScript 编码规则　58
　　PayPal 收款手续费　54
　　标准链接　57
　　店铺费　54
　　复制品、赝品和未经授权的复制品政策　59
　　建议　60
　　交易行为规范　62
　　禁止重复刊登　60
　　禁止规避 eBay 费用　61
　　禁止滥发电邮　63
　　禁止滥用 eBay 联系功能　63
　　禁止卖家自我抬价　62
　　禁止使用不雅言辞　62
　　禁止收取额外费用　61
　　刊登规则　57
　　刊登商品时描述商品规则　59
　　刊登违规　60
　　滥用关键字　61
　　卖家账户类型　53
　　拍卖　54
　　拍卖＋一口价　56
　　拍卖方式销售　55
　　拍卖方式优势　55
　　平台规则　57
　　平台注册　53
　　人工智能应用 Shopbot（图）　27
　　商品分类　57
　　商品所在地设置　57
　　商品图片标准　58
　　收费标准　53
　　违规行为　59
　　销售方式　54
　　严禁卖家成交不卖　62
　　一次性刊登　55
　　一口价　55
　　一口价方式刊登商品注意事项　56
　　一口价方式销售　56
　　一口价方式优势　55
　　用户沟通规则　62
　　预售刊登规则　58
　　知识产权违规　59
EDM 营销　101
EMS　128～130
　　参考时限　129
　　跟踪查询　129
　　禁限寄物品　129
　　劣势　130
　　体积和重量限制　129
　　优势　130
　　资费标准　129
ePacket　130、131
　　参考时限　130
　　跟踪查询　130
　　体积和重量限制　131
　　资费标准　130

Facebook　87~89
Facebook 市场流量分析与粉丝行为习惯分析　87~89
　　Facebook 排名（图）　87
　　互联网排名　87
　　流量分布国家　88
　　流量来源　87、88（图）
　　流量来源国家（图）　89
　　流量情况　88
FedEx　138~140
　　IE　139
　　IP　138
　　参考时效　139
　　跟踪查询　139
　　劣势　140
　　体积重量限制　139
　　优势　140
　　资费标准　139
Instagram　91
Instagram 市场流量分析与粉丝行为习惯分析　91、92
　　Instagram 排名（图）　91
　　互联网排名　91
　　流量来源　92、92（图）
　　流量来源国家　92、92（图）
　　流量情况　91、91（图）
Kohl's　95
Listing　48、49
　　跟卖风险　49
　　跟卖建议　49
　　跟卖优势　49
　　机制（图）　49
Mercedes-Benz　97
MoneyGram　108
Nike　97
Payoneer　110
PayPal　109
Pinterest　93
Pinterest 市场流量分析和粉丝行为分析　93
　　流量概况（图）　93
　　流量来源（图）　93

　　排名（图）　93
SEO　99
SNS　86
　　社交平台属性分析　86
TNT　135、136
　　参考时效　135
　　跟踪查询　135
　　劣势　136
　　体积重量限制　135
　　优势　136
　　注意事项　136
　　资费标准　135
Twitter　89
Twitter 市场流量分析与粉丝行为分析　89、90
　　Twitter 排名（图）　89
　　互联网排名　89
　　流量分布国家　90
　　流量来源　90、90（图）
　　流量来源方式（图）　90
　　流量情况　89、90（图）
UPS　136~138
　　参考时效　137
　　超重超长费　137
　　附加费　137
　　跟踪查询　137
　　快递方式　136
　　劣势　138
　　全球快捷　137
　　全球速快　137
　　全球特快　137
　　全球特快加急　136
　　体积重量限制　137
　　优势　138
　　资费标准　137
VK 市场流量分析与粉丝行为分析　93~95
　　互联网排名　94
　　流量来源方式（图）　95
　　流量来源和分布国家　94、95（图）
　　流量情况　94
　　排名情况（图）　94、94（图）
VR 技术（图）　27

索 引

Z 实惠商品分类　78、79
 成色好　78
 成色很好　78
 近似新品　78
 全新品　78
 尚可接受　79

A～C

阿里巴巴 Logo（图）　21
阿里巴巴国际站　63～73、80～82
 3 月新贸节　80
 9 月采购节　80
 采购直达　65
 采购直达市场规则变革　65
 查看详情按钮　82
 广告费　67
 会员费　67
 简介　63
 竞价排名　67
 立即报名或查看所有活动按钮　82
 免费会员　68
 平台概述　63
 全球供应商会员　69
 商务合作　68
 特点　64
 提交所有已暂存的商品按钮完成提交　82
 网站（图）　64
 无线端实时营销　73
 线下服务　68
 相关服务　68
 信用保障服务　66
 信用保障服务优势　66
 询盘付费　68
 一达通　65
 盈利方式　67
 优势分析　66
 在线批发优惠券活动　72
 增值服务　68
 知识产权侵权处理规则　159
 中国供应商会员　69
 中国供应商会员专享服务　69
 专场活动　81、81（图）
采购成本　14
仓储成本费用　150
产品质量和消费者权益方面的法律和其他规定　163
常见法律法规　161
出口跨境电商　34～36
 国家及地区分布（图）　36
 卖家地域分布（图）　35
 卖家品类分布（图）　35
出口信用保险机制　120
出口业务　32
初级岗位　6
 客户服务　6
 视觉设计　6
 网络推广　6
传统国际贸易和跨境电子商务环节对比（图）　14
传统国际贸易业务　13、16
 机会　13
传统国际贸易与跨境电子商务区别　17～19
 多边化　18
 高频度　18
 数字化　19
 透明化　19
 小批量　18

D～G

代运营公司　5
盗版侵权行为　156
盗用信息　156
第三方支付公司　5
点击付费搜索引擎　98
店铺自主营销　72
电汇　107
电汇 TT　107
电子商务法律制度　16
电子邮件营销　101
电子邮件营销功能　102、103
 CAN-SPAM　103
 HTML 格式邮件　103

纯文本邮件 103
打开率 102
点击率 102
个性化 102
列表清理 103
列表优化 103
送达率 102
退订/反订阅 103
退信数 103
许可/双重许可 103
电子邮件营销特点 101、102
个性化定制 101
精准直效 101
信息丰富全面 102
追踪分析能力 102
对外贸易主体、贸易规范、贸易监管的一般性法律 162
敦煌网 Logo 21
法律法规 153、161
芬兰邮政 145、146
参考时效 146
跟踪查询 146
寄送限制 146
体积重量限制（表） 146
优势 146
资费标准 146
服务型 39
岗位分类 6
岗位能力与职责分析 7
高级复合型人才 17
高级岗位 7
购买关键词广告 99
购物全球化示意（图） 30
购物体验人性化 27
管理型集市模式 37
国际海洋货物运输 148
国际快递 126
国际铁路运输 149
国际物流网规认识 128
国际邮政小包 134、135
瑞典小包 135

瑞士小包 135
特点 134
香港小包 134
新加坡小包 134
国际支付宝 111
国内跨境电子商务市场现状 23

H~J

海外仓 149～151
费用结构（表） 150
商品涉及的增值税 151
优缺点 149、150（表）
海外仓费用结构 150、151
仓储费 151
当地派送费用 150
订单处理费 151
税金 150
海洋运输 148
方式 148
作用 148
海洋运输特点 148、149
天然航道 148
运费低廉 149
运输国际性 149
载运量 149
航空大包 131
航空小包 132
后 TT 107
互联网＋对传统国际贸易的影响 13
假货横行 156
假冒商品 156
交易成本 14
交易手续费费率（表） 109
交易透明度 14
交易主体类型 36
进出口跨境电子商务整体交易规模 24
进口跨境电商 33
进口业务 32
经典案例分析 95
经理岗位（表） 8
竞价排名 98

K

开放型集市模式 37
科尔士百货公司 95
跨境 B2B 3
跨境电商商品 33
 流转模式 33
 品类结构 33
跨境电子商务 1～6、13～15、20～28、31～33、36、71、120、124、161、163
 1.0 阶段 20
 2.0 阶段 21
 3.0 阶段 22
 4.0 时代 23
 产业链 4
 概念 2
 岗位认知 6
 过渡政策适用 26
 行业格局 33
 监管相关法律法规 163
 交易规模进出口结构（图） 32
 贸易、商务、运输相关法律 161
 模式 31、33、36
 企业 5、22（图）
 现状 23
 信用体系 120
 移动端用户占比 24
 营销 71
 用户规模 24
 用户占比（图） 28
 与国际物流的关系 124
 政策支持 25
跨境电子商务对传统国际贸易的意义 19、20
 新动力 20
 新格局 20
 转型升级 19
跨境电子商务发展 20、23、27、112
 历程 20、23（图）
 趋势 27

跨境电子商务及支付 112
 交易发展现状 112
跨境电子商务及支付业务外汇管理体系对策 114～118
 操作层面管理对策 116
 监管力度 115
 交易业务范围 114
 审核条件 115
 市场准入制度 115
 市场交易主体管理制度 115
 外汇备付金管理规范 118
 外汇收支数据 116
 外汇业务管理制度和政策落实存在问题 115
 业务操作中明确规范国际收支统计申报主体和申报方式 117
 有效统计和监测 116
 政策层面管理对策 114
跨境电子商务零售 24、25
 进出口检验检疫信息化管理系统数据接入 25
 进口过渡期后监管 25
 进口平台竞争 24
跨境电子商务平台 41、158
 对相关知识产权内容有事前审查义务 158
 对知识产权侵权行为的认定 158
 认知 41
跨境电子商务特点 3、4
 即时性 4
 快速演进 4
 匿名性 3
 全球性 3
 无形性 3
 无纸化 4
跨境电子商务物流 122～127
 发展现状 125
 发展中存在的问题 127
 概念与特征 124
 供应链模式下整合规划能力 127
 物流企业信息不对称 127
 与传统物流差异性 123

跨境电子商务物流特征　125
　　功能集成化　125
　　速度反应快速化　125
　　信息电子化　125
　　作业规范化　125
跨境电子商务与传统国际贸易　13、17
　　模式对比（表）　17
跨境电子商务支付　105、106
　　方式　106
跨境电子商务综合试验区　25、26
　　复制推广　26
　　扩容　25
跨境电子商务支付业务存在的问题　113、114
　　操作层面管理问题　114
　　国际收支申报难度　114
　　交易管理归属问题　113
　　交易真实性审核　114
　　交易主体市场准入规范管理　113
　　外汇备付金账户管理　114
　　外汇管理与监管支付机构的职责　113
　　政策层面管理问题　113
跨境电子支付　106、107、112
　　方式　107、107（图）
　　概念　106
　　结算方式多样化　112
跨境电子支付风险　118～120
　　操作短板　119
　　法律风险　119
　　防范　120
　　市场风险　120
　　系统性风险　119
　　信息泄露　119
跨境零售　2
跨境业务　32
跨境运输方面的法律法规　162
跨境支付行业法规　120

L～R

联邦国际快递　138
贸易壁垒　15
贸易合同方面的法律　162

贸易机会　15
梅赛德斯一奔驰公司　97
　　活动展示（图）　97
美工岗位（表）　12
魔术玩偶箱公司　95
耐克公司　97
能力目标　2、32、42、72、106、123、154
品牌全球化　29
平台营销活动　80
平台运营型　37～39
　　垂直模式　38
　　泛渠道模式　39
　　品牌电商　38
　　平台型　37
　　移动电商模式　39
　　资本运作模式　39
其他物流方式　148
企业跨境电子商务风险审查机制　158
前TT　107

S～T

商标侵权行为　156
商家对网店产品应管理　158
商检方面的法律法规　163
商业快递　135
摄影岗位（表）　12
社会服务型网络　86
社交App（图）　28
社交化营销策略　28
社交媒体营销　86
设计主管岗位（表）　11
室内设计岗位（表）　13
税收方面的法律法规　164
搜索引擎目标层次结构（图）　99
搜索引擎营销　98、99
　　模式　98
　　目的层次原理　99
搜索引擎优化　99
速汇金业务　108
速卖通　42～47、73～75、83、84
　　安全性　45

爆款团　84
爆品团招商　83
店铺满立减　74
店铺优惠券　75
俄罗斯团购　83
官网（图）　43
海景房　84
行业分布　43
会员费　45
交易佣金　45
禁售商品　44
跨国快递　44
跨境物流升级　46
跨境物流效率　47
秒购团招商　84
平台大促　84
平台概述　42
侵权商品　44
全店铺打折　74
三步走战略　46
适合商品　43
双 11　84
团购活动　83
现状　42
限时限量折扣　73
限售商品　44
相关服务　46
盈利方式　45
在阿里巴巴国际化布局中的战略地位　46
自提点　47
铁路运输　149
通关方面的法律法规　163
头程费用　150
推特　89

W～X

外汇管理　112、163
　　有关规定　163
外贸客户资源管理　14
外贸企业对实物基础设施的依赖　15
外贸企业信息化程度　16

外贸综合服务平台　5
网络科技投入　121
网络推广员岗位（表）　9
网络推广组长岗位（表）　9
网络诈骗　156
网站程序员岗位（表）　10
网站建设主管岗位（表）　10
物流方式示意（图）　29
物流极速化　29
物流模式选择　126
物流企业　5
西联汇款　108
香港离岸公司银行账户　111
消费品进口关税调整　26
小结　30、40、70、104、121、152、164
新技术应用　27
信息服务平台　39
信息网络安全体系　16
信息消费　25
信用卡收款　111

Y～Z

亚马逊　47、48、76～80、85、86
　　Vouchers　76、76（图）
　　"Z 划算"促销活动　79
　　"Z 秒杀"商品页面（图）　79
　　"Z 秒杀"促销活动　79
　　"Z 券"促销活动　77
　　"Z 实惠"促销活动　78
　　当天最火折扣　86
　　海外购"Z 划算"页面（图）　80
　　黑色星期五　85
　　每日折扣专区　86
　　平台概述　47
　　网络星期一　86
　　网站首页（图）　48
　　优惠券　76
　　运营特点　48
　　镇店之宝商品页面（图）　77
　　镇店之宝促销活动　76
亚马逊 A-to-Z 条款　52

卖家应对条款 52
条款内容 52
严重侵权行为 160、161
处理（表） 161
燕文专线 142、143
参考时效 142
操作注意事项 143
跟踪查询 142
体积重量限制 143、143（表）
资费标准 142
一般侵权行为 160
处理（表） 160
用户群体年轻化、高学历化 28
邮政包裹模式 128
邮政小包 125
在线交易平台 40
政策优化 29
支付风险与防范 118
支付机构 106
知识产权 153、154、157、158
保护的相关法律制度 158
侵权防范措施 157
侵权影响 157
知识产权分类 155
商标权 155
著作权 155
专利权 155
知识产权侵权表现 156
盗用信息 156
假货横行 156
网络诈骗 156
知识产权侵权行为 156、160
处理 160
定义 160
知识产权特点 154、155
地域性 154
时间性 155
专有性 154
知识产权相关法律制度 158、159
其他类 159
商标权类 159

商业秘密类 159
特殊标志类 159
著作权类 159
专利权类 159
综合类 158
知识目标 2、32、42、72、106、123、154
中俄航空专线 143
中俄快递－SPSR 147
参考时效 147
跟踪查询 147
邮寄限制 147
资费标准 147
中国邮政航空大包 131、132
跟踪查询 131
劣势 132
体积和重量限制 131
优势 131
资费标准 131
中国邮政航空小包 132～134
参考时效 132
跟踪查询 132
挂号小包查询网址 133
劣势 133
体积和重量限制 132
优势 133
注意事项 134
资费标准 132
中级岗位 6、7
采购与供应链管理 7
国际结算管理 7
市场运营管理 6
主管/经理岗位（表） 8
著作权侵权行为 156
专利侵权行为 157
专线物流 126、142
自建Listing 50
保护 50
标题写法 50

（王彦祥、张若舒 编制）

反侵权盗版声明

电子工业出版社依法对本作品享有专有出版权。任何未经权利人书面许可，复制、销售或通过信息网络传播本作品的行为，歪曲、篡改、剽窃本作品的行为，均违反《中华人民共和国著作权法》，其行为人应承担相应的民事责任和行政责任，构成犯罪的，将被依法追究刑事责任。

为了维护市场秩序，保护权利人的合法权益，我社将依法查处和打击侵权盗版的单位和个人。欢迎社会各界人士积极举报侵权盗版行为，本社将奖励举报有功人员，并保证举报人的信息不被泄露。

举报电话：（010）88254396；（010）88258888
传　　真：（010）88254397
E-mail：dbqq@phei.com.cn
通信地址：北京市海淀区万寿路173信箱
　　　　　电子工业出版社总编办公室
邮　　编：100036